## Lo que la gente dice sobre Brian Wills y
## *10 Horas de Vida...*

¿Está afrontando su propia situación de "10 horas": una enfermedad incurable o una circunstancia que parece totalmente desesperanzada? Prepárese: ¡su vida está a punto de cambiar a medida que lea este libro!

> —*Pastor Andy Smith*
> Victory Bible Church, Fredericksburg, Virginia

Una gran herramienta para personas que necesitan sanidad.

> —*Pastor Kim Carroll*
> Cornerstone Church of Lexington, Lexington, Kentucky

*¡10 Horas de Vida* es un libro impresionante de fe en un Dios que sigue sanando en la actualidad!

> —*Pastor Everett Holloway*
> Royal Oak Church, Royal Oak, Michigan

Este es un libro sobre sanidad, pero el proceso puede aplicarse a cualquier área de nuestra vida.

> —*Pastor Jimmy McClain*
> Shield of Faith Church, Phenix City, Alabama

El testimonio de Brian es una inspiración para cualquiera que desee ver y conocer a Dios como el hacedor de milagros. La bondad de Dios se revela de gran manera en esta tremenda historia real.

> —*Charlene Ferguson*
> Cofundadora, Living Word Church, Richmond, Virginia
> Capellán, Hospice of the Sandias, Clovis, Nuevo México

Tras leer la historia personal de Brian Wills, junto con los principios de fe, he sido vigorizado para caminar con Dios en un nivel más elevado.

—*Pastor Daniel L. Smith, Sr.*
Ahoskie Christian Center, Ahoskie, Carolina del Norte

Recomendaría este libro a cualquiera que esté buscando las respuestas a cómo comenzar y como mantener una vida de fe exitosa y satisfactoria.

—*Pastor John Pogue*
Freedom in Christ Church, Chambersburg, Pennsylvania

El amor de Brian por el Señor y por la gente es evidente a lo largo del libro.

—*Pastor Hank Parker*
Grace Alive Outreach Church, Midlothian, Virginia

Un libro excelente para regalar a quienes tienen necesidad de sanidad o quienes quieren ministrar sanidad a los enfermos.

—*Pastor Jerry Spurrell*
World Outreach Church, Tulsa, Oklahoma

Brian Wills comparte su milagrosa "Victoria sobre la muerte". Lo hace mediante este inspirador y alentador testimonio de la poderosa soberanía y el toque de sanidad del Dios vivo. Qué testimonio para permanecer en la Palabra de Dios. Este libro llevará sanidad a muchos y gloria al Dios vivo.

—*Reverendo canónigo Kenneth D. Richards*
Diócesis anglicana de San Joaquín, California

Cuando leí *10 Horas de Vida*, sentí la unción. Creo que personas serán sanadas cuando lean este libro.

—*Pastor Matt Nalette*
Word Fellowship, Glastonbury, Connecticut


Este libro llevará esperanza a los corazones de personas y las inspirará a querer edificar y ejercitar su fe para recibir sanidad de Dios.

—*Pastor Sam Smucker*
The Worship Center, Lancaster, Pennsylvania


Al igual que Jesús dijo durante su propio ministerio: "Tu fe te ha sanado", puede ver como Brian practicó esto en su propia vida, y también aprender cómo su fe puede sanarle.

—*Pastor Ray Eppard*
Victory Worship Center & World Outreach,
Staunton, Virginia


Lo único que quería hacer después de leer este libro era ponerme de pie y gritar: "*No moriré, sino viviré, y declararé las obras del Señor*". Yo soy el director de las Salas de Sanidad en nuestra iglesia y alguien a quien Dios ha sanado de cáncer, y sin duda alguna habrá más de un ejemplar en nuestra biblioteca.

—*Pastor Jeffrey G. Evans*
Director, Healing Rooms del condado de Delaware
Middletown Baptist Church, Media, Pennsylvania

¡Descubrí que la fe de Brian era tan fuerte que me ministró! Su testimonio y la aventura de fe que recorrió durante esa época en su vida es algo que todo el mundo debería leer. Como pastor de Brian, quiero recomendar su ministerio como orador para servicios en iglesias, seminarios, escuelas de sanidad y conferencias. Su fe y su testimonio son excelentes, y su capacidad de enseñar, predicar y ministrar a otros es incluso mayor.

—*Pastor Jim Langlois, D.Min.*
The Master's House, Ashland, Virginia

Creemos que este libro está destinado a convertirse en un clásico sobre sanidad y un libro de texto para cualquiera que busque el poder sanador de Dios. Dios es fiel a cada generación, y el milagro de Brian es un milagro para que todos nosotros recordemos que Dios es el mismo ayer, hoy y siempre.

—*Pastores Randy y Cherie Gilbert*
Faith Landmarks Ministries, Richmond, Virginia

He visto a Dios por medio de Brian de manera poderosa para llevar sanidad a los enfermos y a quienes sufren. Si tiene necesidad de sanidad o está en el ministerio de sanidad, este libro es lectura obligada.

—*Pastor Earl Darling*
Yorktown Vineyard, Yorktown Heights, Nueva York

*10 Horas de Vida* está lleno de poder, es inspiracional e instructivo. ¡Lo recomiendo encarecidamente!

—*Pastor Ray Sensenig*
Grace Fellowship Church, Reading, Pennsylvania

Hace seis años, a nuestro pastor asociado le diagnosticaron linfoma de no Hodgkin, y permanecimos en los principios que se presentan en este libro. Unos meses después, él estaba libre de cáncer.

—*Pastor Mike Legg*
King of Kings Worship Center, Purcellville, Virginia

Está usted a punto de leer uno de los relatos más asombrosos que jamás encontrará del poder de Dios obrando en la vida de un hombre.

—*Jack Hicks*
Fundador/Director, CURE Ministries, Inc., Hagerstown, MD

# 10 HORAS DE VIDA

## BRIAN WILLS

WHITAKER
HOUSE
*Español*

### 10 Horas de Vida:
#### Una historia real de sanidad y vida sobrenatural
Publicado originalmente en inglés bajo el título: *10 Hours to Live*

ISBN: 978-1-62911-752-2
Ebook ISBN: 978-1-62911-753-9
Impreso en los Estados Unidos de América
© 2016 by Brian Wills

Traducción al español realizada por:
Belmonte Traductores
Manuel de Falla, 2
28300 Aranjuez
Madrid, ESPAÑA
www.belmontetraductores.com

Whitaker House
1030 Hunt Valley Circle
New Kensington, PA 15068
www.whitakerhouse.com

Por favor, envíe sugerencias sobre este libro a: comentarios@whitakerhouse.com.

1 2 3 4 5 6 7 8 9 10 11 ᰀ 23 22 21 20 19 18 17 16

# Dedicatoria

Quiero dedicar este libro a mis padres: Willie y Myrtle Wills. Desde la niñez, ellos han infundido en mí una fuerte fe en Dios y una creencia en un Dios que hace milagros.

Gracias, mamá y papá.

A Dios sea toda la gloria.

# Reconocimientos

Cuando estaba batallando contra el linfoma de Burkitt, Dios envió a muchas personas para ayudar, orar, alentar, y estar conmigo y con mi familia.

Quiero dar las gracias a Dick y Mary Koester, completos desconocidos en aquel momento, por abrir su hogar a mis padres y darles un lugar para quedarse. Durante meses, su casa se convirtió en un puerto seguro y un refugio de la tormenta.

Jim y Tootie Owens y Bob y Betty Anne Howell nos prestaron sus vehículos; los Howell también nos dieron "Instrucciones piadosas para sanidad"; Mandy Gibson proporcionó hojas impresas por computadora de todas las escrituras sobre sanidad; y Richard Vaughan y Lennie y Elizabeth Weddle fueron mensajeros de Dios en los momentos adecuados; llegaron a ser para nosotros lo que Aarón y Hur fueron para Moisés (véase Éxodo 17:10–13).

Hubo muchos que oraron y permanecieron con nosotros: los pastores Randy y Cherie Gilbert, Lynne y Danny Jordan, los pastores Hank y Patsy Parker, los pastores Jim Charlene Ferguson, Bob Minor, Ernie Thomas, Sharon Jenicek, Barbara Fraley, la familia McGrath, y mis amigos Tricia, Phil, y Suzy.

Estoy agradecido por el cuidado que recibí de los muchos médicos, enfermeras y servicio de limpieza en el Instituto Nacional de Salud (INS), y quiero dar las gracias a mis médicos principales: Dr. Zambrana, Dr. Sartor y Dr. Rosenberg.

Quiero dar las gracias al Pastor Drew Lynch por ponerme en camino en este proyecto; él inicialmente se puso en contacto con los médicos, recopiló los hechos y organizó la secuencia del milagro de modo que pudiera presentarse de manera completa y en secuencia.

Finalmente, quiero dar las gracias a Melanie Hemry por su ayuda en la escritura y la edición del manuscrito, siguiendo al Espíritu Santo de principio a fin.

# Índice

# Prefacio

Lo más cautivador sobre la historia de Brian Wills es que Brian está aquí para contarla, pues no debería haber sobrevivido. Él fue el primer superviviente, y sigue siendo el único superviviente, entre cualquiera a quien alguna vez hayan diagnosticado linfoma de Burkitt en fase 4 en su versión más mortal. También, ningún otro paciente del grupo de control de Brian en el Instituto Nacional de la Salud en Bethesda, Maryland, que se sometió al protocolo experimental MB-204 en 1987 sobrevivió al tratamiento. Brian fue el único superviviente, y también fue el único que se sepa que haya tenido una "remisión espontánea" incluso antes de que comenzara el protocolo.

Este libro habla de supervivencia; y no solo de sobrevivir, sino de vencer. Cierto es que nadie permanece vivo en este mundo para siempre; pero demasiadas personas están saliendo de él sin necesidad prematuramente, dejando a sus seres queridos deshechos y su trabajo sin terminar.

La historia de Brian revela el secreto para vivir una vida sobrenatural que va de fortaleza en fortaleza en el reparto pleno de días llenos de propósito que Dios ha ordenado para cada uno de sus hijos e hijas. Sus notables experiencias demuestran para el lector cómo obtener "la vida verdadera" (1 Timoteo 6:19, NVI), la cual puede llevar a la persona en triunfo más allá de la tumba a la eternidad.

Esta historia intrigará a cínicos y a santos por igual, pero Brian no ofrece ninguna disculpa por su fe en Dios, la cual está en el centro de sus experiencias indisputables. Su tipo de vida de fe se ve poco, aunque las semillas que pueden brotar como resultado de ello permanecen a la espera de germinar dentro de cada uno de nosotros. Cuán trágico que haya tan pocos capaces de tener acceso a esa fe cuando más se necesita. Brian y yo esperamos que volver a relatar esta historia haga algo para cambiar eso. Es nuestra esperanza que usted pueda apropiarse de la sanidad y experimentar la bondad de Dios en la tierra de los vivientes.

—*Drew Lynch*
Pastor fundador, Eastgate Church of the Nations
New Rochelle, Nueva York

# PARTE I

# Victoria sobre la muerte

## Capítulo 1

# Aviso de dos minutos

Mi mano estaba húmeda al sujetar la raqueta cuando lancé un *ace* al otro lado de la red y observé a mi contrincante despegar súbitamente, casi tropezando cuando no pudo alcanzar la bola. A los veintidós años, yo tenía casi dieciséis años de experiencia en la cancha de tenis. Mi servicio demostraba que fueron años bien empleados, y también lo hacía el historial que tenía cuando me gradué de la Universidad Drury: 121 victorias, más que ningún otro jugador en la historia de la escuela hasta ese momento. Ahora, como entrenador asistente en la Universidad de Richmond, me entrenaba duro para mi próximo viaje a Europa, donde iba a jugar en el circuito satélite profesional.

El sudor me pegaba la camiseta a la espalda mientras hacía una carrera rápida para golpear un revés al otro lado de la red. A media carrera, mantuve la respiración como si algo como fuego líquido cruzara mi abdomen. Había sudor en mi labio superior, no por el esfuerzo sino por el dolor paralizante que me abrasaba, golpeando mi interior y haciendo que me quemara. Me tambaleé; mis pasos no eran firmes, y mi mano temblaba en la raqueta. Apretando los dientes, decidí hacer un descanso y me senté en el vestuario con la cabeza entre las manos. ¿Qué me está sucediendo?

*El dolor paralizante me abrasaba, golpeando mi interior y haciendo que me quemara.*

Mi médico había dicho que los episodios ocasionales de dolor eran el resultado de entrenar en exceso, y por eso recorté mi calendario de entrenamientos. Me aseguré de descansar mucho y comer bien; pero no ayudó. Cuando menos lo esperaba, el fuego seguía rugiendo con vida y me dejaba sin respiración. Ya que tenía el dolor en el bajo abdomen, cerca de la vesícula, había ido a ver a un urólogo.

"Debe de estar en su cabeza", me dijo despachándome con esas palabras.

Él estaba equivocado; tenía que estarlo. No había nada psicológico con respecto al dolor que me hizo tener que salir de la cancha aquel día. Afortunadamente, cuando el dolor abandonó mi cuerpo desapareció también de mi mente. Pasaron semanas en un ajetreo de actividad mientras me preparaba para mi vuelo a Europa. Ese sería el cumplimiento de toda una vida de sueños y de entrenamientos, y me negué a permitir que quedara manchado por las repentinas llamas de fuego.

## En la banda

Mi vuelo estaba programado para el domingo de la Super Bowl, el último domingo en enero de 1987. Esa semana, la nieve cayó y se acumuló tanto, que parecía que el mundo había sido rociado por una espesa capa de merengue. Me metí en la nieve y dejé que mi pala se deslizara por los montones que cubrían el camino de entrada. Bien abrigado contra el viento helado, trabajé hasta sudar, y cuando terminé de limpiar la nieve me dolía la espalda, cansada por el movimiento repetitivo. Me quedé dormido profundamente ese viernes en la noche pero me desperté a medianoche con escalofríos, fiebre y dolor. El sábado en la mañana fui a ver a mi médico de familia.

"Tu recuento sanguíneo es alarmante", dijo con el ceño fruncido. "Voy a ingresarte en el hospital para hacer más pruebas".

"¡Pero mi vuelo sale mañana!".

Parecía que yo no iría en ese vuelo. Mi familia se reunió conmigo en el hospital para darme apoyo.

"Nada ha cambiado excepto la fecha en que te vas", me aseguraron. "Volveremos a programar tu vuelo".

Tras ser admitido en el hospital Chippenham en Richmond, Virginia, estaba encogido en posición fetal sobre la cama en mi habitación privada y apretaba la mandíbula ante el implacable dolor de espalda. Fuera, la nieve y el hielo cubrían el estacionamiento; dentro, yo temblaba por los escalofríos pese al calor de la habitación. Sentía el estómago lleno e hinchado.

Durante los nueve días siguientes tuve que soportar una sigmoidoscopia, un escáner cerebral, una biopsia con aguja, y múltiples análisis de sangre, y quedé asombrado cuando las pruebas revelaron que mi riñón derecho había dejado de funcionar. ¡No era de extrañar que me doliera la espalda! El dolor no provenía de haber estado limpiando nieve o de mi calendario de entrenamientos.

"Puede que tenga una piedra en el riñón", dijo el médico, aventurando una suposición.

Cada día, familiares y amigos aparecían en el hospital para alentarme. En la noche, cuando todos se habían ido a su casa y el ajetreo del hospital disminuía junto con las luces, yo meditaba en mi situación tumbado en la cama. Era un deportista de veintidós años en excelente condición física. No podía ser nada grave.

¿O sí podía?

## La sentencia

El 6 de febrero, el noveno día de mi hospitalización, mis padres, hermano, hermana, tía y tío estaban en mi habitación riendo y contando historias cuando llegó mi médico.

21

> *Brian tiene linfoma de Burkitt, una rara enfermedad que progresa con mucha rapidez.*

"Tengo muy malas noticias", dijo él, con tristeza en su amable mirada. "Brian tiene un bulto en su abdomen del tamaño de una bola de golf, que se ha diagnosticado como linfoma de Burkitt, una enfermedad rara y mortal que por lo general se encuentra en niños africanos. Progresa con mucha rapidez, y hay solamente tres hospitales en el mundo que la tratan. Estoy intentando llevarte al más cercano: El Instituto Nacional de Salud, INS, en Bethesda, Maryland".

Debimos de parecer tan asombrados como nos sentíamos.

"¿Tienen alguna pregunta?", dijo el médico.

No se nos ocurrió nada que decir excepto que queríamos irnos a casa el fin de semana y orar.

"Está bien", expresó el médico, "pero debo advertirles: este es un tumor que crece con rapidez. Se ha sabido que ha matado a niños en un día".

## Adoptar una postura

Las palabras del médico permanecieron en la habitación como una sentencia de muerte mucho después de que él se hubiera ido. Las caras antes sonrientes de mis familiares se veían afligidas, y yo daba vueltas en mi interior, intentando recuperar el equilibrio. ¿Cómo *podía* yo tener una enfermedad grave? Era joven y estaba sano. Toda mi vida estaba por delante de mí como una promesa.

Parte de mi familia entendió lo que yo aún tenía que comprender: el tumor era maligno, y yo estaba peleando por mi vida. Había recibido un fuerte golpe de un enemigo llamado linfoma de Burkitt.

La rápida respuesta de nuestra familia de ir a casa el fin de semana para orar no llegó por sorpresa. Siempre habíamos sido una familia cristiana unida. Al igual que mi padre y mi abuelo me habían transmitido su amor por los deportes, mis padres habían transmitido a sus hijos una herencia espiritual. Ellos habían vivido su fe delante de nosotros, y no se avergonzaban de mostrarla. Yo había crecido asistiendo a la iglesia local y deambulando con ellos cuando hacían visitas al hospital y la residencia de ancianos. Mis padres también ministraban a jóvenes, y era usual que grupos de hasta cuarenta de ellos se reunieran en nuestra casa, adorando a Dios hasta altas horas de la madrugada.

*El evangelio del que había sido testigo desde que era niño no era un evangelio débil. Yo había visto ojos ciegos abrirse; había visto oídos sordos volver a oír.*

El evangelio del que había sido testigo desde que era niño no era un evangelio débil. Yo había asistido a servicios de sanidad, y había visto ojos ciegos abrirse; había visto oídos sordos volver a oír; había visto a víctimas de polio ser sanadas completamente. Yo mismo había sido sanado instantáneamente de muchas heridas de la niñez, y mis padres habían profundizado en la sanidad espiritual unos años antes cuando a mi madre le diagnosticaron alergias. Más adelante, a mi padre le diagnosticaron cáncer. En todo ello, aprendimos que la Palabra de Dios, escrita en la Biblia, era viva y poderosa; también aprendimos el poder de nuestras propias palabras. Al creer a Dios y confesar su Palabra sobre sus situaciones, mis padres habían sido sanados.

Yo no sabía lo que era el linfoma de Burkitt, pero la sanidad siempre había llegado fácil para mí. Salí del hospital preparado para recibir un milagro.

En casa aquel fin de semana, mientras intentaba dormir entendí que lo que mi médico había dicho era cierto: se me acababa el tiempo. Tumbado de costado, podía ver el bulto canceroso, ahora mucho mayor que una bola de golf, moverse cuando me giraba.

## Puertas abiertas

Mientras trataba de recibir mi sanidad, mi médico estaba haciendo todo lo posible para que yo pudiera ir al Instituto Nacional de Salud en Bethesda, Maryland. Le dijeron que había una lista de espera de seis meses.

Unos meses antes, mi médico había asistido a una conferencia médica y, durante la conferencia, un médico que se sentó a su lado se había presentado y le había dado su tarjeta a mi médico. Le había dicho: "Estoy en el Instituto Nacional de Salud. Si alguna vez se encuentra con alguien que tenga un cáncer que crece muy rápido, como el linfoma de Burkitt, llámeme. Esa es mi especialidad".

El lunes, mi médico llamó a ese hombre, y todas las puertas del INS se abrieron para nosotros.

El martes, mis padres me llevaron en auto hasta Maryland para una consulta. El Instituto Nacional de Salud era un complejo impresionante de edificios de aspecto distinguido que albergaban la tecnología más nueva, al igual que personal que realizaba investigación de vanguardia. Cuando llegamos, el dolor era tan severo que yo no podía caminar; mi familia me sujetaba para poder entrar.

Nos llevaron a una sala pequeña, y fui examinado por el doctor Young, una de las principales autoridades mundiales sobre el linfoma de Burkitt. Después, él meneó la cabeza negativamente.

"No creo que haya nada que yo pueda hacer por usted", dijo. "Está demasiado avanzado".

*¿Demasiado avanzado?*

## Batido en el juego de la vida

El tumor que había tenido el tamaño de una bola de golf el viernes ahora medía casi veinticinco centímetros de diámetro. El cáncer se había extendido a mis pulmones, hígado, y la mayoría de órganos de mi cuerpo.

"Hoy es martes, y su hijo no estará vivo el viernes", explicó el médico a mis padres. "Le admitiré en el hospital y le mantendremos con la mayor comodidad posible". Salió de la habitación para organizar todo lo necesario.

Yo tenía la sensación de haber sido lanzado por un precipicio e ir a toda velocidad hacia la destrucción. No sabía cómo detener mi caída. Mi vida estaba en una espiral fuera de control.

Fueron las palabras de mi madre las que ralentizaron mi descenso y volvieron a situarme en terreno sólido.

"No, la Palabra de Dios dice que por las llagas de Jesús, Brian es sano. *'Dios es siempre veraz, aunque el hombre sea mentiroso'*". (Véase Isaías 53:5; Romanos 3:4, NVI).

"Dios es siempre veraz, aunque el hombre sea mentiroso", todos estuvimos de acuerdo.

"Vamos a mantener nuestra postura ahora mismo y creer a Dios, pese a lo que digan los médicos", anunció ella.

En los ojos de mi mente, vi un partido de fútbol en progreso. Un equipo estaba batiendo al otro cuando escuché un aviso de dos minutos. Entendí que hasta ese punto, mi equipo estaba siendo batido por el linfoma de Burkitt, y había un aviso de dos minutos en mi vida. El partido no había terminado aún, pero sabía que sin un milagro, nunca lograría salir con vida del hospital.

# CAPÍTULO 2

# El ala de la muerte

Un camillero me llevó hasta mi habitación en el piso trece del INS: el ala reservada para pacientes con enfermedades incurables. La única manera de que alguien se fuera de allí era por el camino de la morgue. El largo corredor rebosaba de actividad, y lo primero que observé fue que los pacientes sufrían enfermedades poco comunes; muchas de sus caras estaban hinchadas, y sus cuerpos desfigurados. Un aire de desesperanza y desesperación rodeaba ese ala como un manto. Los pacientes de cáncer en particular tenían la mirada hueca.

*Estoy rodeado de muerte*, entendí.

Cuando me llevaron a mi habitación, descubrí que todos, incluido mi compañero de habitación, un joven de unos treinta y tantos años, hablaban incesantemente sobre su diagnóstico, su enfermedad, su pronóstico, y lo que su médico había dicho.

El Señor me dijo que no participara en esas conversaciones: *Hijo, si te permites a ti mismo pensar del modo que ellos piensan y hablar del modo que ellos hablan, obtendrás los mismos resultados que ellos obtienen.* Se me erizó el vello del cuello, y me dio un escalofrío por la advertencia. Mis palabras tenían que estar en consonancia con lo que Dios dijo en la Biblia.

En Deuteronomio 30:19 Dios dijo:

> *A los cielos y a la tierra llamo por testigos hoy contra vosotros, que os he puesto delante la vida y la muerte, la bendición y la maldición; escoge, pues, la vida, para que vivas tú y tu descendencia.*

Yo tenía una decisión que tomar. Podía creer a Dios para recibir mi sanidad y buscarla como un animal hambriento en busca de comida, o podía deprimirme y creer lo que los médicos me decían. Podía pensar y meditar en la Palabra de Dios, lo cual produce vida, o podía quedarme en mi diagnóstico y mi pronóstico, lo cual conduciría a la muerte.

> *Yo tenía una decisión que tomar. Podía creer a Dios para recibir mi sanidad, o podía deprimirme y creer lo que los médicos me decían.*

No podía permitirme desperdiciar ni un solo momento, un solo pensamiento o una sola palabra. Me aferré a Proverbios 4:20–22:

> *Hijo mío, está atento a mis palabras; inclina tu oído a mis razones. No se aparten de tus ojos; guárdalas en medio de tu corazón; porque son vida a los que las hallan, y medicina a todo su cuerpo.*

## Enfocado

Según leí esos versículos, mi sanidad dependía de mantener la Palabra de Dios delante de mis ojos cada momento del día. Algunos podrían considerar extrema esa interpretación; pero cuando yo estaba tumbado en mi lecho de muerte, la Biblia parecía bastante clara. Si hubo alguna vez un tiempo para ponerse serio en cuanto a obedecer a Dios, era aquel. Mi familia ayudaba llenando las paredes de mi habitación en el hospital de hojas con versículos impresos que ofrecían promesas de sanidad. (Una versión ampliada de esas escrituras de sanidad puede encontrarse en la Parte III de este libro). Cada uno de nosotros tomó una firme decisión de sumergirse en la Biblia, y asegurarnos de que todas nuestras palabras estaban de acuerdo con la de Dios. Nos negamos a declarar palabras negativas de duda, incredulidad o temor.

Entiendo que decir una cosa e intentar creer otra era ser de doble ánimo, y la Biblia dice que el hombre de doble ánimo no recibirá nada de Dios (véase Santiago 1:6–8). Yo necesitaba un milagro, y no iba a obtenerlo si era de doble ánimo. Acurrucado en posición fetal, retorciéndome de dolor, era difícil aferrarse a ello. Las medicinas para el dolor ayudaban a darme el alivio suficiente para mantener mi terreno.

Un sacerdote católico recorría los pasillos ofreciendo a los pacientes la extremaunción. Se detuvo en la puerta de mi habitación y miró hacia el interior. *Está usted en la habitación equivocada*, pensé yo.

"Creo que ha venido a la habitación equivocada", dije con los dientes apretados por el dolor. "Debe de estar buscando a alguien más adelante en el corredor".

## La cuenta atrás

El linfoma de Burkitt aceleraba a toda velocidad, invadiendo la mayoría de mis órganos y músculos. A intervalos regulares, el equipo médico medía el tumor en mi abdomen. Cada vez, había dado otro paso amenazante hacia mi defunción. El cáncer era un enemigo implacable y cruel.

> **La voz suave y tranquila de Dios llegó como una brisa. Hijo, yo soy tu Sanador.**

Más avanzado ese día, mi médico me examinó y repasó los resultados de mis pruebas.

"Tu riñón derecho lleva semanas sin funcionar, y el izquierdo no podrá funcionar mucho tiempo más", me explicó. "Está tan sobrecargado que podría rasgarse en cualquier momento.

Tu cáncer va creciendo con las horas, y no sé si llegarás hasta la mañana".

El médico se dirigió a mis padres y dijo: "Le doy diez horas o menos de vida".

*Diez horas o menos de vida.*

El tiempo se detuvo. La tierra dejó de girar sobre su eje y se detuvo en seco. Demasiado asombrado para poder hablar, miraba por la ventana de mi habitación y pensaba: *Nunca podré salir y volver a sentir el viento sobre mi rostro. Nunca jugaré en el circuito europeo. Nunca golpearé otra bola de tenis. ¿Qué pensará mi perro cuando yo no regrese a casa?*

Mis padres siguieron al médico fuera de la habitación para hablar con él, y yo hice una oración "en la trinchera": "Señor, sé que tú eres mi Sanador; toda mi vida te he visto sanar a personas. No entiendo lo que sucede, y necesito sabiduría, necesito tu ayuda. Mi vida es tuya; sálvala, y te serviré siempre. Iré donde tú quieras que vaya y haré lo que tú quieras que haga".

La voz suave y tranquila de Dios llegó como una brisa de aire que pasaba por mi garganta. *Hijo, yo soy tu Sanador, y te manifestaré sanidad mientras tú des los pasos que yo te diga que des. Pasarás por el fuego y no te quemarás.*

Por primera vez, entendí que había algo que *yo* tenía que hacer. Tenía un papel que desempeñar en el proceso. "Señor", oré, "has dicho que había pasos. Dime cuál es el primero".

Una palabra brotó en mi interior.

*Perdona.*

## El primer paso

En mi corazón, vi el rostro de una persona de mi pasado y supe que debía de estar albergando falta de perdón hacia él.

Había pasado tanto tiempo desde la última vez que vi a esa persona, que había perdido su rastro.

"Señor, ni siquiera sé cómo ponerme en contacto con él".

Un número de teléfono se cruzó por mi mente. Unas horas después, agarré el teléfono que estaba en la mesilla al lado de mi cama y marqué el número, y la persona contestó. Le pedí perdón y sané la brecha que había en nuestra relación, sin mencionar nunca que estaba en mi lecho de muerte.

Aquella noche, la que los médicos habían anunciado que sería mi última noche en la tierra, parecía ser eterna. El reloj de la pared iba marcando los minutos y las horas mientras yo libraba guerra contra el temor. "¿Has organizado ya las cosas para tu funeral?", la enfermera en admisiones me había preguntado anteriormente. Las palabras daban vueltas en mi mente como un derviche, intentando atormentarme.

Aún despierto, oí los suaves pasos de la enfermera del turno de noche cruzar mi habitación. Eché una mirada el reloj. *Sigo con vida*, pensaba, sabiendo que ella venía a comprobar si ese era el caso. Encendió la luz, y me habló antes de comprobar mis signos vitales, mi medicación intravenosa, y mi análisis.

"¡Oh, Dios mío!", dijo con voz entrecortada. "¡Tu riñón ha empezado a funcionar!".

Fue apresuradamente hacia el teléfono para llamar a mi médico, el doctor Oliver Sartor.

> **"¡Tu riñón ha empezado a funcionar!", dijo la enfermera con voz entrecortada.**

Cuando el sol aparecía por el horizonte, di un profundo suspiro y me di cuenta de que había recibido dos milagros. Mi riñón había vuelto a funcionar; y yo seguía con vida.

Ninguno de los médicos podía entender por qué yo había sobrevivido a la noche. Yo solamente podía imaginar su respuesta si decía: "Es porque perdoné a alguien". La única explicación que me dieron fue que yo estaba en un excelente estado físico, y me estaba tomando más tiempo morir que a la mayoría. Seguros de que fallecería en cualquier momento, el equipo médico observaba y esperaba. Pasé las dos noches siguientes pidiendo a Dios que revelara cualquier falta de perdón, pecado, amargura o resentimiento que hubiera en mi vida.

A medida que el Señor trajo a mi mente diferentes situaciones, recordaba el Padrenuestro, en especial las palabras: "Y perdónanos nuestros pecados, porque también nosotros perdonamos a todos los que nos deben" (Lucas 11:4). Yo sabía que ese era solamente uno de muchos versículos que vinculaban el perdón de nuestros propios pecados a nuestra disposición a perdonar a otros. Me arrepentí de toda ofensa que el Señor trajo a mi mente, poniendo mi corazón en paz con Dios.

## Tratar con la muerte

Cuando me había arrepentido de todo lo que recordaba, le pedí a Dios el segundo paso en mi proceso de sanidad, y Él me respondió trayendo a mi mente un pasaje de la Escritura. Abrí mi Biblia en Malaquías:

> *¿Robará el hombre a Dios? Pues vosotros me habéis robado. Y dijisteis: ¿En qué te hemos robado? En vuestros diezmos y ofrendas. Malditos sois con maldición, porque vosotros, la nación toda, me habéis robado. Traed todos los diezmos al alfolí y haya alimento en mi casa; y probadme ahora en esto, dice Jehová de los ejércitos, si no os abriré las ventanas de los cielos, y derramaré sobre vosotros bendición hasta que sobreabunde. Reprenderé también por vosotros al devorador, y no os destruirá el fruto de la tierra, ni vuestra vid en el*

*campo será estéril, dice Jehová de los ejércitos.*

(Malaquías 3:8–11, énfasis añadido)

El devorador es el diablo, o Satanás, y la Biblia dice que él es quien roba, mata y destruye (véase Juan 10:10). Mi vida estaba siendo devorada como los matorrales en un incendio forestal. Si hubo alguien alguna vez que necesitara que Dios reprendiera al devorador, yo era esa persona. Mientras meditaba en ese pasaje de la Escritura, mi corazón se agitó con una comprensión repentina.

Había salido de la universidad y vivía solo desde hacía unos seis meses, y no había estado diezmando. Anoté una cifra y se la di a mis padres, pidiéndoles que sacaran esa cantidad de mi cuenta y la entregaran a la iglesia.

Al haber hecho eso, creía que Dios haría lo que prometió. Él trataría con el devorador, quien estaba intentando matarme.

## Lucha contra el temor

El temor llenaba los pasillos del piso trece; nos acosaba durante las oscuras horas después de la medianoche, cuando la mayoría de nosotros no podíamos dormir. Me bombardeaba con pensamientos que explotaban como misiles de terror en mi mente. *Vas a morir. La oración no funcionará esta vez.*

> **Comencé a llevar todo pensamiento temeroso cautivo y sustituirlo por fe.**

Durante días, luche contra el temor más de lo que luche contra el cáncer. Era como un nudo corredizo que intentaba estrangularme, atormentarme y mentirme. El temor trataba de representar mi funeral una y otra vez en mi mente. Yo sabía que no podía quedarme tumbado en la cama cada noche y permitir que el temor corriera a sus anchas con tormento. Tenía que derrotar al temor si alguna vez iba a derrotar al cáncer, de modo que comencé a llevar todo pensamiento temeroso cautivo y sustituirlo por fe. "Temor", decía, "te resisto en el nombre de Jesús. Dios no me ha dado un espíritu de temor, sino de amor, de poder y de dominio propio. ¡Satanás, te reprendo! ¡No puedes quitarme la vida! Viviré y no moriré, y declararé las obras del Señor (véase 2 Timoteo 1:7; Salmos 118:17).

El espíritu de temor no abandonó por las buenas y me dejó tranquilo; me atacó cientos de veces, y cada vez yo tomaba autoridad sobre él y confesaba la Palabra de Dios sobre mi situación. Después de cada batalla, finalmente experimentaba paz y me quedaba dormido.

Durante todo aquello, mi tumor había crecido hasta tener el tamaño de un *balón de baloncesto*, y mis circunstancias parecían desalentadoras. *No creas a las circunstancias*, me advertía a mí mismo una y otra vez. *Cree a Dios*.

Redoblé mis esfuerzos por declarar versículos de la Biblia sobre mí mismo. "Ninguna arma forjada contra ti prosperará", leía en voz alta (Isaías 54:17). "El enemigo que venga contra mí por un camino huirá delante de mí por siete caminos" (véase Deuteronomio 28:7). Intentaba enfocarme más en la Biblia que en el hecho de que mi abdomen sobresalía como si estuviera embarazado de nueve meses.

Usando la autoridad que Jesús dio al creyente, ordené al cáncer que se fuera de mi cuerpo.

El hospital me envió un reguero interminable de psicólogos, asistentes sociales, enfermeras y médicos decididos a prepararme para la muerte inminente. Yo llegué a temer sus preguntas, con cuidado de responderlas solamente con versículos de la Escritura.

"¿Has organizado las cosas para tu funeral?".

"No", decía yo, forzándome a mí mismo a sonreír, "creo que viviré y no moriré, porque por las llagas de Jesús fui sanado".

"¿Cómo lo estás sobrellevando?".

"Creo que en ninguna arma formada contra mi prosperará", respondía yo.

"Necesitas aceptar el hecho de que te estás muriendo".

Ellos no entendían que yo *nunca* aceptaría ese hecho porque no era lo que Dios dijo en la Biblia. Ellos no entendían que la sanidad era la parte de la salvación que Jesús compró en el Calvario. No entendían que yo no podía ceder a la enfermedad, aceptarla como el plan de Dios para mí y orar: "Hágase tu voluntad". Ellos no entendían que la Biblia declara que la voluntad de Dios para mí es la sanidad, y que para recibir esa sanidad yo tenía que creer la Palabra de Dios, a pesar de todo.

Escribieron en mi informe que yo estaba en negación.

Escribieron los hechos acerca de mi condición física.

Pero la Palabra de Dios es verdad, y la verdad puede cambiar los hechos (véase Salmos 119:160; Juan 17:17).

Yo aposté mi vida por ella.

Llegó el viernes y se fue, y yo viví para verlo.

## *Final del juego*

> *"Brian, no entendemos lo que te está sucediendo".*

Durante los días siguientes, fui mejorando regularmente. Mis riñones siguieron funcionando; mi abdomen hinchado disminuyó de tamaño; el dolor era menor. La mayor señal de mejora: yo seguía con vida.

Mis médicos estaban asombrados, y no podían entender por qué yo seguía vivo o por qué estaba mejorando, y varios estudiantes de medicina fueron asignados a mi caso para determinar la razón que había tras el repentino y obvio cambio en mi estado. "Yo no puedo explicarlo", decía mi médico.

> *"¡No hay rastro alguno de linfoma de Burkitt en tu cuerpo!"*.

"Creo que probaremos con una predosis de quimioterapia, y eso nos dará una idea de cómo podría responder tu cuerpo al protocolo de quimioterapia".

El 20 de febrero, tras la predosis de quimioterapia, mi médico ordenó otro escáner cerebral.

Esa noche, él regresó a mi habitación claramente perplejo. "Brian, no entendemos lo que te está sucediendo. Mientras te estaban tomando el escáner, el radiólogo me llamó y dijo que te había revisado desde la cabeza a los pies tres veces, y estabas NEE".

¿Qué es NEE? Yo no tenía la menor idea de a qué se refería.

Con el corazón en la garganta, pregunté: "¿Qué es NEE?".

"Significa No Evidencia de Enfermedad. Ya no hay ningún tumor en tu abdomen; no hay cáncer en tu riñón, en los pulmones ni en los músculos; no hay cáncer en tus riñones ni en el cerebro. ¡No hay rastro alguno de linfoma de Burkitt en tu cuerpo! Y no tenemos ninguna explicación".

Yo respiré profundamente y sentí que la tierra comenzaba lentamente a girar sobre su eje otra vez. Aparté la mirada de la asombrada cara del médico hacia el mundo que había fuera de mi ventana. Yo saldría de ese lugar; viviría y no moriría. Quedando solamente dos minutos en el reloj, Dios había pateado al diablo y lo había sacado de la cancha y fuera del estadio.

Él había desactivado la bomba de tiempo en mi cuerpo.

Yo había recibido un milagro.

CAPÍTULO 3

# El protocolo

El gozo me inundaba en oleadas y rebosaba por medio de las emociones que había estado reteniendo bajo un control firme. Entre arrebatos de risa, volví a decir a mi madre las palabras que ella había declarado sobre mí cuando había recibido el diagnóstico.

"'Dios es siempre veraz, aunque el hombre sea mentiroso'!" (Romanos 3:4, NVI).

"'Dios es siempre veraz, aunque el hombre sea mentiroso'!", repitió ella riéndose, mientras los dos alabábamos al Señor. Yo tenía la sensación de haber estado delante de un pelotón de fusilamiento cuyas armas habían fallado. Me sentía como si hubiera sido un hombre condenado y sentado en la silla eléctrica cuando se había cortado la electricidad. El indulto era indescriptible, y mi gozo completo.

> El mismo Dios que había resucitado a Jesús de la muerte había infundido en mi cuerpo vida de resurrección.

El mismo Dios que había dividido el mar Rojo para los israelitas había realizado un milagro para mí. El mismo Dios que había resucitado a Jesús de la muerte había infundido en mi cuerpo vida de resurrección. El Dios del universo me había tocado.

Pensé en Jesús cuando convirtió el agua en vino en una fiesta de bodas. El mismo poder que había explotado dentro de aquellas moléculas de agua, transformándolas en vino, había detonado en mi cuerpo produciendo sanidad y salud.

La Biblia dice que Dios está alerta a su Palabra para cumplirla (véase Jeremías 1:12). Me imaginaba que lo primero que había en la lista de quehaceres de Dios cada día era *estar alerta a mi palabra para cumplirla.*

Yo, Brian Wills, por el poder de Dios todopoderoso, estaba a punto de salir de la planta trece del INS, del Ala de la Muerte, como no lo había hecho nunca ningún otro paciente de linfoma de Burkitt: vivo y bien.

## Fuego amigo

Quería bailar; quería cantar; quería hacer las maletas y salir de ese lugar sin volver la vista atrás. Aún estábamos celebrando y preparándonos para irnos cuando regresó mi médico con un grupo de otros médicos.

"Tenemos una decisión muy importante que tomar ahora", dijo él.

Yo dejé de hacer mis maletas, perplejo. "¿Qué decisión?", pregunté.

"Si proceder o no con la quimioterapia", respondió.

"Estoy *sanado*; ¿por qué iba a necesitar quimioterapia? No hay ninguna evidencia de enfermedad en mi cuerpo. Usted mismo lo dijo".

"Sí, eso es cierto", admitió con renuencia. "Pero el linfoma de Burkitt es tan mortal, que si queda aunque sea una sola célula en algún lugar en tu cuerpo, podría regresar; por eso hemos decidido que tienes que quedarte y ser tratado con nuestro protocolo".

Mi madre y yo intercambiamos miradas de sorpresa. *No. No hay ninguna necesidad de protocolos,* estuvimos de acuerdo sin pronunciar palabra alguna.

Los médicos intentaron convencernos de lo sabio de esa idea.

Nosotros no lo creíamos. Simplemente no tenía sentido recibir quimioterapia *después* de haber sido sanado.

Ellos sacaron todas las banderas en un esfuerzo por convencernos para que me quedara y recibiera su tratamiento.

Finalmente cedimos.

En los meses siguientes cuestionaríamos esa decisión muchas veces.

## Grupos de apoyo

Cuando nos dimos cuenta de que yo seguiría en el INS por mucho tiempo, familiares y amigos acudieron de nuevo para ayudar. Jim y Tootie Owens y Bob y Betty Anne Howell nos prestaron sus vehículos. Dick y Mary Koester, una pareja que mis padres conocieron en Maryland, nos dieron la bienvenida a su casa, donde nos quedamos durante meses.

Había otros seis hombres jóvenes, todos casi de la misma edad, en el INS con el diagnóstico de linfoma de Burkitt. Las fases del cáncer se enumeran desde el 1 hasta el 4, siendo el 4 el peor. Cuando me admitieron en el hospital, me catalogaron como fase 4B: la fase peor y final del cáncer. Los otros en el grupo estaban todos ellos en las fases 1 o 2. Ya estaban recibiendo el protocolo experimental de quimioterapia MB-204, que yo estaba a punto de comenzar.

Pronto establecí lazos con los otros hombres del grupo. Uno de los pasatiempos favoritos de los pacientes en nuestra ala del hospital era sumergirse en la extensa biblioteca médica del INS. Entendí que para mí, sin embargo, eso sería una trampa. No quería enfocarme en los informes médicos negativos; quería mantener la atención en lo que Dios tenía que decir sobre mi salud y sanidad, de modo que me negué a pasar mi tiempo allí.

Con mi larga estancia en el hospital por delante, toda mi familia tuvo que hacer cambios. Mi madre optó por dejar en punto muerto su vida para quedarse conmigo. Mi papá regresó al trabajo, pero su jefe le permitió tener semanas laborales de cuatro días para que pudiera hacer el viaje en auto que duraba de dos a dos horas y media desde nuestra casa en Richmond, Virginia, y pasar los fines de semana conmigo en Baltimore. Mi hermano regresó a casa para ayudar a mi papá durante la semana; mi hermana pasaba sus descansos para el almuerzo ayunando y orando por mí. El linfoma de Burkitt había dejado en las bandas a toda mi familia, mientras las vidas de nuestros amigos y vecinos seguían como siempre. Además, el temor relacionado con el cáncer hizo que muchos amigos se alejaran de nosotros, como si creyeran que quizá podrían contaminarse si se acercaban demasiado.

Aun así, yo era afortunado, y lo sabía. Algunos de los pacientes que había en mi ala del hospital estaban solos, con sus familiares a miles de kilómetros de distancia. No tenían ningún grupo de apoyo, nadie en quien sostenerse a excepción del equipo médico, y mi corazón se dolía por ellos. Yo estaba tumbado en mi cama y sorprendido de que hubiera personas sufriendo enfermedades mortales en los hospitales cada día.

## Una estrategia

Era un día muy frío en febrero, y el tempestuoso viento golpeaba contra los árboles desnudos que había fuera de mi habitación del hospital cuando mi madre entró ajetreadamente, envuelta en abrigo y guantes, con una sonrisa en su rostro.

"El Señor me dio el primer paso en nuestra estrategia de quimioterapia", me dijo. "Él dijo que debemos orar por cada dosis de medicación que recibas y pedir que no le haga ningún daño a tu cuerpo".

> ### El Señor nos mostró que yo debía sumergirme en las Escrituras.

"Me suena bien", estuve de acuerdo.

La segunda estrategia que el Señor nos mostró era que yo debía sumergirme en las Escrituras. Además de evitar la biblioteca médica, fuimos impulsados a evitar la televisión y limitar las visitas.

Como preparación para la batalla que estaba por delante, mi madre escribió todos mis versículos sobre sanidad en tarjetas, y también trajo una grabadora para yo pudiera escuchar grabaciones de la Biblia o música de alabanza a todas horas.

Cuando comencé el protocolo de quimioterapia, mi madre y yo comenzamos nuestra propia rutina. Mi tarea era asegurarme de que mis dosis de Palabra de Dios sobrepasaran a mis dosis de MB-204. Más Escritura que quimioterapia; esa era mi meta cada día.

"Él *'sanó a todos los enfermos'* confesaba yo; *'para que se cumpliese lo dicho por el profeta Isaías, cuando dijo: El mismo tomó nuestras enfermedades, y llevó nuestras dolencias'*. Mateo ocho, dieciséis y diecisiete".

Continuaba: "*'quien llevó él mismo nuestros pecados en su cuerpo sobre el madero, para que nosotros, estando muertos a los pecados, vivamos a la justicia; y por cuya herida fuisteis sanados'*. Primera de Pedro dos, veinticuatro".

"*'Yo soy el Señor tu sanador'*. Éxodo quince, veintiséis".

Confesaba muchos de esos versículos varias veces al día; alababa al Señor y escuchaba la Biblia en audio. Durante las dos primeras semanas de la quimioterapia tuve muy pocos efectos secundarios. Después de orar y confesar la Escritura, pasaba mi tiempo libre llegando a conocer a otros pacientes de esa ala del hospital.

## *Un lugar de refugio*

Uno por uno, vi a otros pacientes en ese piso deteriorarse y morir; de lo que se hablaba en el ala era quién se estaba muriendo y quién había muerto. Con frecuencia morían personas, y la muerte era tan generalizada que mi habitación se convirtió en mi santuario.

Allí, rodeado por música de alabanza y las Escrituras, tenía la sensación de estar en *"el amparo del Altísimo"* que se describe en Salmos 91:1. La atmósfera de muerte intentaba quitarme la vida, pero yo lo resistía y entraba alabando a la presencia de Dios.

Una noche, un médico entró en mi habitación y se detuvo. "Hay algo diferente en esta habitación", dijo. Puede que la gente no supiera cómo llamarlo, pero ellos sentían la presencia manifiesta de Dios que habitaba en mi alabanza (véase Salmos 22:3).

> *La atmósfera de muerte intentaba quitarme la vida, pero yo lo resistía y entraba alabando a la presencia de Dios.*

Mi madre oraba por cada dosis de quimioterapia y cada medicina que entraba en mi cuerpo desde la mañana temprano hasta que se iba del hospital para dormir. Durante la noche, yo oraba por eso.

Aunque por fuera todo parecía ir bien, en mi interior estaba irritado por el aislamiento del hospital. Tenía la sensación de que alguien hubiera presionado el botón de pausa en mi vida; todo estaba en punto muerto. Nada de jugar en el circuito europeo, ningún calendario de entrenamientos ni salir con mis amigos, nada de ir a la iglesia o jugar a la pelota con mi perro. Estaba envuelto en un mundo lleno de muerte y de moribundos, con inyecciones y potentes medicamentos, comida de hospital y personas que sufrían.

Pero yo estaba vivo, y necesitaba mantener una actitud de gratitud. La vida, incluso la vida en el INS, era mejor que ir a la tumba prematuramente.

A medida que pasaban días sin ningún efecto secundario negativo a causa de los medicamentos, escuchaba cada vez más historias de terror de las enfermeras y otros pacientes. Pronto entendí por qué la Biblia dice que debemos tener cuidado con lo que escuchamos. Tales historias de dolor y muerte horrible podían desencadenar temor en los corazones más valientes. En la noche, ese temor se convertía en un monstruo que salía de los armarios y de debajo de las camas; era un terrorista que persistía en su tipo de tormento. Cuando brotaba el pánico en mi interior, encendía las luces para alejar a los monstruos. Mientras el reloj marcaba las horas, yo leía los versículos que había en la pared hasta estar lleno de paz. Entonces, finalmente, me quedaba dormido.

Como precaución, el médico ordenó dos días de radiación a mi cerebro. La radiación fue una experiencia degradante y difícil para mí. Aborrecía el olor y los puntos rojos que tenía en la cabeza. Cada vez que entraba para recibir la radiación, llevaba conmigo el librito de Charles Capps, *God's Creative Power* [El poder creativo de Dios], y confesaba las Escrituras una y otra vez.

## *Presentar lucha*

Tras dos semanas en quimioterapia, mi cuerpo reaccionó violentamente. Vomitaba cuando espasmo tras espasmo de náuseas recorrían mi estómago. No podía retener nada, y perdía fuerzas a un ritmo alarmante. Temblaba bajo las mantas, sintiéndome desgraciado.

Entre espasmos de náuseas, confesaba: *"Mas a Jehová vuestro Dios serviréis, y él bendecirá tu pan y tus aguas; y yo quitaré toda enfermedad de en medio de ti. No habrá mujer que aborte, ni estéril en tu tierra; y yo completaré el número de tus días'. Éxodo veintitrés, versículos veinticinco y veintiséis".*

> **Entre espasmos de náuseas, confesaba: "y yo quitaré toda enfermedad de en medio de ti".**

Iba al baño tropezando y vomitaba en el inodoro. Cuando regresaba a la cama, mi madre me limpiaba la cara con una toallita húmeda mientras yo continuaba. *"No te sobrevendrá mal, ni plaga tocará tu morada… Lo saciaré de larga vida, y le mostraré mi salvación'. Salmos noventa y uno, versículos diez y dieciséis".*

Esa vez no logré llegar al baño.

Cojeando por el cansancio, me subí a la cama diciendo: *"Alaba, alma mía, al Señor, y no olvides ninguno de sus beneficios. Él perdona todos tus pecados y sana todas tus dolencias'. Salmos ciento tres, versículos dos y tres".*

Claramente, no iba a recorrer la quimioterapia sobre una nube de gloria. La batalla había comenzado.

Y yo estaba ya casi demasiado enfermo para luchar.

# CAPÍTULO 4

# Muerte con un nombre diferente

Salía calor de mi piel como el humo de una acera un día sofocante de verano, pero por dentro temblaba como si fuera un conejito atrapado en una tormenta de nieve y sin refugio. Los dientes me castañeteaban cuando una enfermera del turno de noche me envolvió en mantas frías.

"Tu temperatura es de 40 grados" dijo, acomodando las heladas mantas a mi alrededor. "Es lo bastante alta para poder freír un nuevo, y podría freír tu cerebro".

"¿Qué me pasa?", pregunté, tartamudeando por los escalofríos.

"La quimioterapia ha eliminado tu sistema inmunológico", me explicó ella. "Por eso tu cuerpo tiene infecciones con tanta facilidad. La que tienes ahora es una de las peores, y se llama *cándida*. Es como tener una infección sistémica por hongos. La mayoría de personas mueren horas después de tenerla en un estado tan grave como la tienes tú".

Ella contaba una historia tras otras de pacientes con cándida a los que había tratado y habían muerto. En un intento por bloquear sus palabras, giré mi cabeza hacia un lado e intenté enfocar la mirada en los versículos de la Escritura que había en la pared. Mientras su voz seguía sonando, yo leía las palabras, demasiado débil para expresarlas con sonidos.

*Recorría Jesús todas las ciudades y aldeas, enseñando... y predicando... y sanando toda enfermedad y toda dolencia en el pueblo.*

(Mateo 9:35)

## Fe *"que lucha"*

La larga noche fue pasando, y en la mañana llegó mi madre con la esperanza brillando en su mirada y la fe envuelta en sus palabras. La fiebre era muy alta, y yo temblaba demasiado para poder sostener las tarjetas. Estaba demasiado débil para leerlas. "No puedo soportarlo más", dije yo, rogando que me dejaran solo.

"Brian, tienes que hacer esto", insistía mi madre. "Yo leeré las palabras, y tú las repites después de mí".

"'*Amado, yo deseo que tú seas prosperado en todas las cosas, y que tengas salud, así como prospera tu alma'*. Tercera de Juan, versículo dos".

Con la voz áspera y los dientes castañeteando, yo repetía las palabras.

"'*¿Está alguno enfermo entre vosotros? Llame a los ancianos de la iglesia, y oren por él, ungiéndole con aceite en el nombre del Señor. Y la oración de fe salvará al enfermo, y el Señor lo levantará; y si hubiere cometido pecados, le serán perdonados'*. Santiago cinco, versículos catorce y quince".

Tartamudeando, repetía cada palabra, permitiendo que calara en mi alma.

"'*Por tanto, os digo que todo lo que pidiereis orando, creed que lo recibiréis, y os vendrá. Y cuando estéis orando, perdonad, si tenéis algo contra alguno, para que también vuestro Padre que está en los cielos os perdone a vosotros vuestras ofensas. Porque si vosotros no perdonáis, tampoco vuestro Padre que está en los cielos os perdonará vuestras ofensas'*. Marcos once, versículos veinticuatro al veintiséis".

Decir esas palabras y recordar cómo el perdón había causado que mi riñón comenzara a funcionar fortaleció mi fe para luchar.

Cada viernes, experimentaba el cambio de guardia. Era entonces cuando mi madre dejaba su puesto y se iba a casa durante unos días, y llegaba mi padre para quedarse un largo fin de semana. Cada uno de ellos traía su propio tipo de fortaleza, y una de las fortalezas de mi papá era su actitud positiva. Un hombre que no se avergonzaba del amor, no dudaba en decirme cómo se sentía.

"Brian", me decía mientras me veía sufrir, "daría cualquier cosa en el mundo si yo pudiera pasar esto en tu lugar; pero estoy eternamente agradecido porque Jesús ya lo hizo. Él sufrió por ti en el Calvario, y te sanó. No te des por vencido".

## Un ataque sutil

Pasaron semanas, pero mi cuerpo no podía librarse de la infección qué aún sufría. Había enfermeras a cada lado de mí, que refrescaban mi piel en un intento por hacer descender la fiebre.

"Realmente no sé por qué sigues con vida", dijo mi médico.

Con labios resecos y agrietados, yo susurré: "Viviré y no moriré".

Él miró los versículos que había en la pared.

"Así son las cosas, Brian. *No* vas a sobrevivir a esto; nadie pudo sobrevivir. Ya te lo he explicado. Estás en negación con respecto a la muerte, y eso es lo que escribo en tu informe".

Salió de la habitación hecho una furia, con su bata de laboratorio ondeando tras él.

> *Con labios resecos y agrietados, yo susurré: "Viviré y no moriré".*

A altas horas de la madrugada siguiente, la enfermera del turno de noche me dijo que tenían que trasladarme a otra habitación. Demasiado enfermo para poner objeciones, permití que recogieran mis pertenencias y me llevaran a otra habitación en aquella misma ala. No llevaron los versículos que había en las paredes. Cuando llegó mi madre a la mañana siguiente, los buscó en mi anterior habitación y preguntó a las enfermeras qué había sucedido con ellos.

Aparentemente, el personal los había tirado.

El INS es la meca de la comunidad médica. No hay otro hospital y centro de investigación más respetado en el país pero, sin embargo, ellos no tenían uso para la Biblia, mis versículos de la Escritura o la fe en Dios. Ese hecho se hacía obvio una y otra vez.

Parecía haber una batalla entre ciencia y fe. Los psicólogos siempre estaban cuestionando nuestra fe, todos los días.

La batalla era principalmente con los médicos ateos y con formación científica. Cada noche, cuando mi madre se iba del hospital, pedía a las enfermeras que mantuvieran puestas toda la noche las cintas de audio de la Biblia que ella había traído para que yo pudiera escuchar la Palabra de Dios a todas horas. Las enfermeras sí lo hacían a veces ayudando a dar la vuelta a las cintas de audio en mitad de la noche. Yo tenía cintas de audio de versículos de sanidad, música de alabanza y adoración, y cintas de enseñanza sobre la sanidad.

Sin embargo, en tres ocasiones diferentes me trasladaron a una habitación diferente en las primeras horas de la mañana, y cada vez, las hojas con los versículos impresos se perdían o el personal las tiraba. Cada vez que sucedió eso, mi familia respondió imprimiendo más hojas.

Una vez, el médico llevó a mis padres al pasillo para hablar con ellos, y después entró para hablar conmigo a solas.

"¡No lo entiendo!", dijo lleno de frustración. "¡Todos ustedes dicen lo mismo! ¡Ninguno de ustedes se está enfrentando a la realidad! ¡Todos tienen graves problemas psicológicos!".

## *Enfrentando al gigante*

Enviaron a mi habitación a un psicólogo dos veces al día, pero a mí me parecía que su única misión era minar mi fe. Envuelto en hielo y todavía luchando contra una alta fiebre, me armé de valor cuando él entró en mi habitación.

"¿Puedo traer una cámara de video y hacerle algunas preguntas grabándolas?", preguntó.

"¿Por qué quiere hacer eso?".

"Cuando muera, quiero mostrarlo a las personas que vienen aquí orando por un milagro. Es para todo aquel que cree en Dios, porque *no* hay Dios; Él no existe. Este video será prueba para ellos de que después de todas sus oraciones por un milagro, no ayudaron, y usted morirá".

Yo no podía creer lo que oía. ¿*Por qué razón querría alguien intentar convencer a un paciente para que abandonara y se diera por vencido cuando uno de los efectos disuasorios más fuertes de la muerte es nuestra voluntad de vivir?* No tenía ningún sentido. Mirando fijamente al hombre, pensé en mi exentrenador de tenis, Dan Cashel. "En el momento en que te vea abandonando, prefiero que salgas de la cancha que dejar que te quedes y perder", amenazaba él. Batallar contra el cáncer se parecía mucho un partido de tenis. Para que alguien ganara, tenía que tener espíritu de lucha. Incluso si las posibilidades médicas estaban contra mí, después de años de competiciones sabía algo con seguridad: no ha terminado hasta que ha terminado.

> *Aún temblando, yo sabía lo que tenía que hacer si quería salir con vida de aquel lugar. Tenía que perdonar y seguir perdonando.*

"La Biblia dice que por las llagas de Jesús fui sanado", dije yo, sin querer otra cosa que temblar en silencio.

Enojado, el médico agarró mi vestimenta del hospital y apretó el puño delante de mi cara.

"Si *hubiera* un Dios, ¿qué le hace pensar que le sanaría *a usted* cuando todos los demás se mueren?".

Tras decir eso, salió enfurecido de la habitación.

Aún temblando, yo sabía lo que tenía que hacer si quería salir con vida de aquel lugar. La ofensa era una trampa de Satanás, y yo tenía que caminar en amor e ignorar sus insultos, porque la fe obra mediante el amor (véase Gálatas 5:6). Pese a cuántas veces me dijeran que yo estaba loco, quitaran mis versículos de la pared, o escribieran en mi informe que yo tenía problemas psicológicos, tenía que perdonar y seguir perdonando.

## Lanzamiento

En la tercera semana de la infección de cándida, mi temperatura seguía siendo muy alta, y yo permanecía envuelto en hielo. Me caían lágrimas por los rabillos de mis ojos y mojaban mi almohada. Con la garganta áspera, susurré: "Estoy muy enfermo, mamá, ya no puedo soportarlo más. Ni siquiera puedo decir los versículos".

Ella me rodeó con sus brazos, y los dos lloramos.

Cuando ella regresó a la mañana siguiente le expliqué la estrategia que Dios me había dado durante la noche, y dije: "Tengo suficiente de la Palabra de Dios en mí para mantenerme con vida a pesar de la infección, pero no tengo suficiente de la Palabra en mí para lanzarla. La Biblia dice que la Palabra de Dios es medicina para nuestra carne, pero en este momento, la infección y yo estamos igualmente empatados; ninguno de los dos tiene la fortaleza para vencer al otro. A fin de sobrevivir, tengo que encontrar una manera de vencer a la infección, y eso significa que tengo que aumentar el tiempo que paso en la Palabra, pese a lo horrible que me sienta".

Con esa revelación, le eché incluso más ganas, pasando de dos horas y media a tres horas al día confesando un solo versículo, como 1 Pedro 2:24, mil veces. También comencé a leer dos capítulos adicionales de la Biblia cada día: uno en la mañana y otro cada noche.

## Una limpieza

El cabello se me seguía cayendo a mechones, y perdí tanto peso que parecía un esqueleto. El sudor debido a la fiebre tan alta mantenía empapadas mis sábanas. Avergonzado por la pérdida de cabello y el lío que había en mi habitación, observé con profunda gratitud cuando una señora en el equipo de mantenimiento del hospital luchó para mantener mi habitación ordenada y mi cama limpia.

"No tengo palabras para decirle lo mucho que agradecemos todo lo que usted hace", le dijo mi madre una mañana. "Por favor, acepte esto como una muestra de nuestro agradecimiento", añadió, entregándole algo de dinero a la mujer.

"Oh no, ¡no podría!", insistió ella.

"¿Hay *algo* que pudiéramos hacer para bendecirla?", preguntó mi madre.

La mujer se quedó mirando al piso durante un largo momento antes de responder.

"Bueno, hay una cosa que me bendeciría mucho".

"¿Qué es?", preguntó mi madre.

La mujer miró las hojas impresas de versículos de sanidad que había en mis paredes.

"Eso", dijo con reverencia. "¿Podría tener una copia de esos versículos?".

## *Un regalo de oro*

Casi lloramos de alegría, no solo por lo que la mujer estaba haciendo para ayudarme, sino también porque al menos habíamos encontrado una persona en el INS que valoraba esos versículos como un regalo de gran valor. Si alguna vez dudamos de su sinceridad, aquellas dudas se desvanecieron el día en que le entregamos su propia copia de los versículos de la Biblia. Ella se comportó como si le hubiéramos regalado oro; y sin duda, así había sido. Como dice Salmos 19:9–10: *"Las sentencias del Señor son verdaderas: todas ellas son justas. Son más deseables que el oro, más que mucho oro refinado".*

Aunque el INS me había proporcionado el mejor cuidado médico disponible en aquella época, habíamos sido perseguidos por algunos allí debido a nuestra fe. ¡Qué bendición era tener ahora una amiga caminando por los pasillos del hospital! Qué alentador saber que, además de su detallado cuidado a la hora de limpiar mi habitación, ella estimaba la Palabra de Dios tanto como nosotros.

Yo necesitaba toda la ayuda que pudiera obtener.

# Capítulo 5

# Vivir en el lugar secreto

La nieve se derritió y brotaron las flores a medida que el invierno daba lugar a la primavera. El sol de la mañana recorría mi habitación con una calidez que, en un día normal, me habría dejado estirando los músculos y bostezando con un deleite somnoliento. En cambio, observaba con asombro cómo se movía mi cuerpo de un lado a otro sobre mi cama en el hospital como si fuera un pez lanzado al fondo de una barca. Me propuse dejar de temblar, intentándolo con todas mis fuerzas, pero las convulsiones estaban fuera de mi control. Entró una enfermera a mi habitación, se giró, y salió corriendo para obtener ayuda. Minutos después seis médicos rodeaban mi cama, observándome con expresiones de perplejidad en sus rostros.

"¿Qué creen que está causando esto?", preguntó uno de los médicos mientras yo seguía con las convulsiones.

"No lo sé", dijo el segundo médico, dirigiéndose a un tercero. "¿Qué piensas?".

Ellos seguían pensando en la situación, y mi cuerpo seguía temblando y retorciéndose, cuando mi madre entró en la habitación.

"Doctores, ¿qué sucede?", preguntó ella.

"No lo sabemos", admitió uno de ellos.

"¿Les importa si me acerco un momento?".

"En absoluto".

Con mi cuerpo aún temblando, observé a mi madre dejar sus cosas en el piso y subirse a mi cama. Por extraño que pueda parecer, mientras mi cuerpo estaba fuera de control, mi mente estaba clara y tranquila. Lo que mi madre hizo casi me recordaba la historia en la Biblia cuando Elías oró por un muchacho que había muerto. Se tumbó encima del niño y oró por él. Yo quedé asombrado cuando mi madre se tumbó encima de mí y declaró: "En el nombre de Jesucristo, ¡ordeno a este cuerpo que deje de convulsionar ahora! Declaro paz sobre el cuerpo de mi hijo, ¡en el nombre de Jesús!".

En cuanto ella terminó de orar, mi cuerpo dejó de temblar.

"Bien, mamá, ahora puedes bajarte", dije yo.

Los médicos seguían rodeando mi cama con expresiones de asombro en sus rostros.

"¿Qué ha hecho usted?", preguntó uno de ellos.

Ella me dijo más adelante que en el momento en que entró en la habitación, el Señor le mostró que estaba teniendo una reacción a una de las medicinas, y demostró tener razón. El Señor conocía las reacciones de esas medicinas mejor que los médicos.

## La risa: la mejor medicina

Unas semanas después, yo estaba solo en mi habitación cuando quise agarrar un vaso y perdí el equilibrio. Me caí, aterrizando con la cabeza en el piso, y mis pies quedaron sobre la cama. Batallé por levantarme, pero había perdido tanta masa muscular que no tenía fuerzas. Agotado, débil y cansado, me sentí tan indefenso como un bebé. Quería llorar, pero sabía que la Biblia dice que estamos rodeados por *una gran nube de testigos*

> *Quería llorar, pero un versículo afloró en mi corazón: "El corazón alegre constituye buen remedio; mas el espíritu triste seca los huesos" (Proverbios 17:22).*

(Hebreos 12:1). Entre ellos, estaba seguro de que estaban el diablo y sus secuaces y no quería darles el placer de verme llorar, pero tumbado en el suelo y demasiado débil para volver a la cama, ¿qué otra cosa podía hacer?

Un versículo afloró en mi corazón: *"El corazón alegre constituye buen remedio; mas el espíritu triste seca los huesos"* (Proverbios 17:22). Sabía que necesitaba una buena dosis de medicina que podía llegar solamente por medio de un corazón alegre. Tengo que admitir que no me *sentía* alegre; me sentía horrible, sentía que tenía un pie en la tumba, y el resto de mi ser descendía lentamente por una pendiente. Pero también sabía que aquella no era solamente una batalla física, era una batalla espiritual. Y aunque sabía mucho sobre el carácter de Dios y muy poco sobre el carácter del diablo, había una cosa que sabía con seguridad: el diablo *aborrece* que se rían de él.

Al estar allí con la cabeza sobre el piso de la habitación del hospital, hice una de las cosas más difíciles que he hecho en toda mi vida. Me forcé a mí mismo a reír. "Jajá", grazné. "¡Ja, ja, ja, já!". *El diablo no va a reírse el último,* pensé. *Yo sí.* "¡Ja, ja, ja, ja, ja, já!".

Pese a mi situación, me puse contento. Lo que comenzó como una risa forzada finalmente se hizo real. Un rato después, una asombrada enfermera entró en la habitación y me encontró tumbado en el suelo, riéndome con profundas carcajadas. Ella me ayudó a subir a la cama, pero yo no podía dejar de reír.

*Vaya,* pensé entre carcajadas, *no puedo recordar la última vez que me reí tanto o que me sentí tan bien.* Reírme del diablo fue la medicina que necesitaba; cuanto más me reía, más fuerte me sentía.

## Lavamiento del agua de la Palabra

Un día durante mi tiempo de oración, el Señor me mostró dos cántaros de agua. Un cántaro era pequeño y tenía agua sucia, y el otro era un cántaro grande de cristal lleno de agua limpia. "Señor", pregunté, "¿qué representa el cántaro pequeño de agua sucia?".

> *El Salmo 91 contiene algunas de las promesas de protección más poderosas que se encuentran en la Biblia.*

*Representa tu cuerpo atacado por el cáncer. El cántaro grande de cristal representa mi Palabra. Si echas el agua del cántaro grande en el pequeño, serás sanado por el lavamiento del agua de la Palabra.*

Esa imagen mental de los cántaros me ayudó a permanecer enfocado en saturarme y sumergirme en la Palabra. Entendí que la ley del desplazamiento limpiaría mi cuerpo de cualquier cosa mortal. Descubrí que era necesaria mucha Escritura para vencer el constante ataque de dudas e incredulidad que inunda tal atmósfera.

Mientras meditaba en la Palabra de Dios, una parte que adoptó un significado especial para mí fue el Salmo 91. Este salmo contiene algunas de las promesas de protección más poderosas que se encuentran en la Biblia. Nos dice que podemos habitar en seguridad física en cualquier momento, en cualquier lugar, si vivimos en lo que la Biblia llama *"el abrigo del Altísimo"*. Dice:

> *El que habita al abrigo del Altísimo morará bajo la sombra del Omnipotente. Diré yo a Jehová: Esperanza mía, y castillo mío; mi Dios, en quien confiaré. El te librará del lazo del cazador, de la peste destructora. Con sus plumas te cubrirá, y debajo de sus alas estarás seguro; escudo y adarga es su verdad. No temerás el terror nocturno, ni saeta que vuele de día, ni pestilencia que ande en oscuridad, ni mortandad que en medio del día destruya. Caerán a tu lado mil, y diez mil a*

*tu diestra; mas a ti no llegará. Ciertamente con tus ojos mi-*
*rarás y verás la recompensa de los impíos. Porque has puesto*
*a Jehová, que es mi esperanza, al Altísimo por tu habitación,*
*no te sobrevendrá mal, ni plaga tocará tu morada. Pues a*
*sus ángeles mandará acerca de ti, que te guarden en todos*
*tus caminos. En las manos te llevarán, para que tu pie no*
*tropiece en piedra. Sobre el león y el áspid pisarás; hollarás al*
*cachorro del león y al dragón. Por cuanto en mí ha puesto su*
*amor, yo también lo libraré; le pondré en alto, por cuanto ha*
*conocido mi nombre. Me invocará, y yo le responderé; con él*
*estaré yo en la angustia; lo libraré y le glorificaré. Lo saciaré*
*de larga vida, y le mostraré mi salvación.*          (Salmo 91)

A medida que meditaba en las verdades de esos versículos, se convirtieron en realidad. Aunque se me cayó el cabello y mi cuerpo estaba desgastado, descubrí que podía ocultarme en el refugio divino de Dios; y allí, pese al estrago de los síntomas, mi vida estaba protegida. Mientras todos los otros pacientes con linfoma de Burkitt sucumbían a la enfermedad, yo reclamaba la promesa del Salmo 91: *"Caerán a tu lado mil, y diez mil a tu diestra; mas a ti no llegará"* (versículo 7).

Deseaba que quienes me rodeaban reclamaran lo mismo. Después de todo, la promesa no era solamente para mí; era para cada paciente en el INS, y funcionaría para cualquiera que la creyera y confiara en ella. Mediante la fe en la Palabra de Dios ellos podían encontrar, al igual que yo había encontrado, la entrada a ese lugar de abrigo donde ninguna pestilencia, o cáncer, podía matar.

En la medianoche, cuando el temor y la muerte recorrían el ala, yo susurraba: "Diré yo al Señor que Él es esperanza mía, y castillo mío; mi Dios, en quien confiaré".

*Vas a morir,* se burlaba el diablo.

"No temerás el terror nocturno, ni saeta que vuele de día", declaraba yo.

La batalla se libraba tanto en mi mente y corazón como en mi cuerpo, de modo que no había ninguna parte de mí, espíritu, alma o cuerpo, que pudiera tomar un descanso del implacable asedio que había sido establecido contra mí. Descubrí que permanecer en la Palabra de Dios y en una actitud de oración era mi única defensa y mi mejor ofensa.

> *La batalla se libraba tanto en mi mente y corazón como en mi cuerpo. Permanecer en la Palabra de Dios y en una actitud de oración era mi mejor ofensiva.*

## *Armas de guerra*

Una historia del Nuevo Testamento que me alentó de manera especial fue el relato de la persecución que enfrentaron Pablo y Silas, apóstoles de la iglesia primitiva. A ellos los metieron en una cárcel física no menos peligrosa que la cárcel de enfermedad que nosotros experimentamos en el INS. Hechos 16 nos cuenta lo que sucedió:

> *Entonces la multitud se amotinó contra Pablo y Silas, y los magistrados mandaron que les arrancaran la ropa y los azotaran. Después de darles muchos golpes, los echaron en la cárcel, y ordenaron al carcelero que los custodiara con la mayor seguridad. Al recibir tal orden, éste los metió en el calabozo interior y les sujetó los pies en el cepo. A eso de la medianoche, Pablo y Silas se pusieron a orar y a cantar himnos a Dios, y los otros presos los escuchaban. De repente se produjo un terremoto tan fuerte que la cárcel se estremeció hasta sus cimientos. Al instante se abrieron todas las puertas y a los presos se les soltaron las cadenas.* (Hechos 16:22–26, NVI)

Como los residentes del piso trece del INS, Pablo y Silas sufrieron su periodo más temeroso en la medianoche. Estaban en total oscuridad, con sus manos y pies atados, pero en lugar de ceder al temor, ¡cantaban alabanzas a Dios! La Biblia dice que cantaban tan alto que todos los otros prisioneros los oían. Como respuesta a su alabanza, Dios envió un terremoto y abrió las puertas de la cárcel.

## La alabanza es la llave de su cárcel

Inspirado por esa historia, aprendí a alabar durante muchas noches sin dormir, seguro de que Dios me rescataría al igual que había rescatado a Pablo y Silas. En las horas de mi medianoche, intentaba mantener una actitud de gratitud hacia Dios. No puedo decir que era fácil alabarlo cuando no podía mantener ningún alimento en el estómago, pero puedo decir que fue crucial.

> **Tenía que ver mi sanidad primero en la Biblia y después tenía que verme a mí mismo victorioso: con vida, bien y sano.**

Salmos 149:5-6 dice: *"Que se alegren los fieles por su triunfo; que aun en sus camas griten de júbilo. Que broten de su garganta alabanzas a Dios"* (NVI). La alabanza es la llave que abre todas las puertas de la cárcel.

También descubrí que el secreto para mantener un espíritu de alabanza en una situación así radicaba en mantener mis ojos en la visión de victoria y salud que Dios había puesto en mi corazón. En una situación de crisis, la mayoría de personas se enfocan en lo externo: se enfocan en los síntomas y las circunstancias. Yo aprendí que si quería sobrevivir tenía que ignorar las manifestaciones externas, por horribles que fueran, y mantener mi atención en la Palabra de Dios. Sabía que no podía permitirme a mí mismo pensar pensamientos de enfermedad; tenía que ver mi sanidad primero en la Biblia y después tenía que verme a mí mismo victorioso: con vida, bien y sano. Cuando estaba demasiado enfermo para levantar mi cabeza de la almohada, me visualizaba jugando otra vez al tenis. También tenía una fotografía al lado de mi cama de mí mismo con energía y buena salud.

Aunque creía que la fotografía sería algún día una realidad física, estaba tan deteriorado que cruzar mi habitación en el hospital lo sentía como correr una maratón. Pero cuando la primavera dio paso al verano, recobré la fuerza suficiente y me dieron un pase para salir del hospital.

Parecía toda una vida desde que había sentido la brisa sobre mi cara y el sol calentando mis mejillas. Para mi primera salida, mi madre preparó un picnic y me sacó fuera en una silla de ruedas. Aunque me había negado a llorar por la derrota de caerme de la cama, ahora no podía refrenar las lágrimas de alegría. El sol me rodeaba como un manto cálido mientras asimilaba las vistas y los sonidos de *la vida*. Me emocionaba ante cada pajarillo que piaba en los árboles; me maravillaba por las flores, que parecían obras de arte pintadas por la mano de Dios solamente para nuestro disfrute; me sumergía en los sonidos del tráfico, voces distantes de niños riendo: todas las vistas y los sonidos que yo había dado por sentados la mayor parte de mi vida.

Estaba demasiado débil para cruzar la hierba verde, pero eso no detuvo mi alegría. Meses antes, me habían dado diez horas de vida; podría estar demacrado y débil, pero seguía *vivo*. Dios en su fidelidad me había otorgado un milagro.

Vida en lugar de muerte; esperanza en lugar de desesperanza.

Después de aquellos meses, los médicos seguían esperando que yo muriera. Esperaban eso con las mismas expresiones perplejas en sus rostros que tenían cuando yo estaba sufriendo las convulsiones. No podían entender por qué seguía con vida, porque la respuesta no se explicaba en ninguno de sus libros de texto. La respuesta a mi supervivencia podía encontrarse solamente en un Libro: la Biblia, la cual ellos no creían ni estimaban.

## El acecho de la muerte

Aunque me regocijaba por cada hora y cada nuevo día, uno por uno todos mis amigos en el hospital murieron. No era fácil poner toda mi fe en la Palabra de Dios e ignorar la muerte que me rodeaba, pero entendía que era mi única esperanza. Mientras tuviera aliento en mi cuerpo, seguiría regocijándome en el Señor y luchando por vivir.

A medida que pasaba el tiempo, me dieron más pases para salir del hospital durante un día e incluso un fin de semana, y cada una de esas excursiones la sentía como un aplazamiento en el corredor de la muerte. La primera vez que me permitieron ir a casa el fin de semana sentí que era un sueño hecho realidad. Iba sentado en el auto y observaba las marcas que me resultaban familiares mientras conducíamos. Dentro de la casa me detuve, mareado por las vistas, los sonidos y los aromas que significaban hogar. Respiré el suave aroma del barniz de muebles y sentí la comodidad de mi sillón favorito.

Estaba en casa, un lugar que los médicos había dicho que nunca más volvería a ver. Cada visita era un bálsamo sanador para mi alma y un consuelo para mi cuerpo cansado. En el INS, mi madre y yo encontramos una iglesia a la que asistir, y tras meses de casi aislamiento, me sentí rodeado de alabanza y adoración colectivas. Nunca la Palabra de Dios predicada desde un púlpito había sido tan preciosa para mí; nunca había sentido tanta maravilla por Dios.

## Día de la Independencia

El día 4 de julio de 1987, seis meses después de que debería haber muerto, observaba los fuegos artificiales por las ventanas del piso catorce del INS y celebraba mi propia victoria. Los médicos podían decir lo que quisieran, pero no podían negar la realidad de que, contra todo pronóstico, yo seguía teniendo mucha vida. Para mí, el salpicar de brillantes colores en el cielo de la noche simbolizaba mi alabanza, gratitud y adoración a Dios. Sentía que mi corazón podría explotar en alabanza a Él con su propia cacofonía de sonido y luz.

Aquel verano comencé a caminar por centros comerciales para aumentar mi energía. Caminar era una experiencia dolorosa debido a la neuropatía inducida por los medicamentos en mis manos y pies. Empecé con no más de un programa de trabajo/ descanso, caminando unos metros y

*En mi mente me veía a mí mismo fuerte y sano, corriendo por la cancha de tenis.*

descansando, pero en mi mente me veía a mí mismo fuerte y sano, corriendo por la cancha de tenis para golpear una bola por encima de la red.

Cuando comencé el protocolo de quimioterapia, había sido el único paciente a quien habían diagnosticado la fase 4B: la fase última y peor del cáncer creciente. Mi continuada supervivencia había creado un enigma para los médicos a medida que cada uno de los otros hombres en las fases uno y dos murió. Como resultado, fui escogido como el paciente para representar al INS en su nuevo folleto publicitario. Enviaron fotógrafos para hacerme una foto, y me catalogaron como el paciente milagro para el INS.

## Fuera del INS

Durante las tres últimas rondas de quimioterapia no sufrí ninguna infección, y me permitieron pasar la mayoría del tiempo en cada, acudiendo al INS para recibir los tratamientos.

Terminé la última dosis del protocolo de quimioterapia en agosto, y seguía adelante.

"El linfoma de Burkitt crece con tanta rapidez", explicó mi médico después de mi último tratamiento, "que si va a regresar, lo hará dentro de los tres próximos meses".

Yo sabía que estaba sanado pero quería cimentar mi victoria, de modo que en septiembre viajé a Tulsa, Oklahoma, al campus del instituto bíblico Rhema Bible Training Center y asistí a un curso de dos semanas sobre sanidad. Allí, los instructores enseñaban diariamente de las Escrituras sobre sanidad, y al final de aquellas dos semanas oraron por quienes estábamos en la clase. Al mes siguiente, fui el padrino en la boda de mi hermano. Al estar a su lado vistiendo un esmoquin, sentí como si alguien hubiera apretado el botón de Play. Una vez más, mi familia y yo podíamos vivir nuestras vidas; podíamos seguir adelante sin la amenaza diaria de mi inminente destino.

El día 3 de noviembre regresé al INS para mi revisión a los tres meses. "Las cosas parecen prometedoras", me dijo el equipo médico. "Estamos contentos con su progreso y somos optimistas con precaución".

*Muy bien*, quise decir, *ustedes me dieron diez horas de vida, ¡y han pasado diez meses! Ustedes dijeron que si el cáncer regresaba, sucedería dentro de los tres meses después de detener el protocolo de quimioterapia. Han pasado tres meses, ¡y sigo estando aquí!*

### Dos milagros

En febrero de 1988, un año desde que me habían admitido, regresé al INS para mi chequeo a los seis meses. Tras examinarme de la cabeza hasta los pies, el doctor Rosenberg dijo:

"Brian, hay algo que necesita saber. Le administramos siete medicamentos que eran experimentales y nunca habían sido investigados o probados. Ahora que hemos tenido tiempo para probarlos en el laboratorio y en el uso experimental, hemos aprendido algunas cosas. Ahora sabemos que los medicamentos que formaban el protocolo que le administramos ni siquiera tratan el linfoma de Burkitt, pero eso no

> *"No tenemos ninguna explicación médica para el hecho de que usted esté aquí hoy", dijo el médico.*

es todo. Los medicamentos en sí son tan letales, que hemos interrumpido su uso. Esos medicamentos mataron a todos aquellos que los recibieron... excepto a usted. Así que déjeme explicarme: usted fue sanado del linfoma de Burkitt sin ninguna explicación médica conocida; la enfermedad sencillamente desapareció de su cuerpo. Además, usted sobrevivió a meses de recibir inyecciones con medicamentos letales. No tenemos ninguna explicación médica para el hecho de que usted esté aquí hoy".

Yo fui el único superviviente del MB-204.

Yo fui el único superviviente de linfoma de Burkitt.

No tenía ningún delirio pensando que yo merecía vivir más de lo que los demás habían merecido morir. Sabía que la única razón por la que estaba vivo era que me había saturado de la Palabra de Dios. Había creído su Palabra por encima de mi diagnóstico y de toda la sabiduría de este mundo, incluida la del Instituto Nacional de Salud.

Salí del INS y escuché los ruidos de un perro que ladraba en la distancia, de autos que tocaban el claxon, y una bandera que crujía al ser azotada por el viento. Me detuve, sumergiéndome en las vistas y los sonidos, asombrado ante el poder de Dios. Me imaginaba cómo debieron de sentirse los israelitas cuando caminaron sobre tierra seca cruzando muros de agua. Me imaginaba el asombro que experimentaron cuando aquellas mismas aguas cubrieron al ejército que los perseguía. Ellos vieron caer los muros de Jericó por un grito y el sonido de un cuerno de carnero. Vieron el milagro de la provisión de Dios en el desierto: maná sobre la tierra para que comieran y agua que salía de una roca para que bebieran.

Los autos se alejaban volando mientras yo cruzaba la carretera, y multitudes de personas caminaban apresuradamente por la acera. Me preguntaba cuántas de ellas sabían que hay un Dios que sigue haciendo milagros. Me preguntaba si sabían que Dios les cuida, que canta sobre ellos, y les ama con un amor eterno. Me preguntaba si entendían que Dios sigue estando en el negocio de hacer milagros, y que su poder está a disposición de ellos hoy.

Me detuve y miré hacia el sol, respirando profundamente. Sabía que durante el resto de mis días, se lo contaría a cualquiera que se detuviera el tiempo suficiente para escuchar.

## Capítulo 6

# Una vida sobrenatural

Crucé corriendo la cancha de tenis, di un salto, y golpeé la bola por encima de la red. ¡Punto! Levanté en alto mi raqueta y salté de pura alegría mientras mis músculos se estiraban, energizado por el juego. Limpiándome el sudor de la cara, me acerqué para dar un apretón de manos a mi oponente. Después de la competición, me detuve fuera de mi hotel y miré a los Alpes suizos, que se erigían con una majestad atemporal frente a un cielo azul topacio. El aire era dulce con el aroma de orquídeas, geranios y un arcoíris de brotes que yo no podía identificar. Me sentía muy parecido a esas plantas que elevaban sus cabezas hacia el cielo y cobraban vida, floreciendo tras un largo hiato.

*Estoy aquí*, pensé por enésima vez, resistiendo el impulso de pellizcarme. Solamente unos meses antes, me habían realizado mi chequeo anual en el Instituto Nacional de Salud. En mayo, después de trabajar duro para recuperar mi fuerza, había comenzado a jugar al tenis profesional otra vez. Ahora, pasaba el verano jugando contra algunos de los mejores tenistas del mundo en competiciones en Alemania, Holanda, Francia y Suiza.

Por mucho tiempo, mi vida había estado en la balanza en el piso trece del INS, y mi mundo había girado en torno a hospitales, medicinas, médicos y muertes. Aquellos largos meses que pasé luchando por mi vida me habían cambiado de maneras sutiles. Las cosas que la mayoría de personas dan por sentadas, como un escarabajo que sube por el áspero terreno de carbón vegetal de la corteza de un árbol, una mariposa aleteando en la brisa, el sonido de la risa, el aroma que sale de una panadería cercana, y otras mil sensaciones deliciosas, hacían que cada momento fuera un tesoro.

El milagro que comenzó en mí cuando Dios me sanó del linfoma de Burkitt se había transformado en que jugara al tenis profesional en el circuito europeo. Yo sabía, y todos los que me conocían sabían, que desde un punto de vista natural yo no debería estar en ningún lugar excepto bajo tierra. Volver a jugar al tenis profesional no fue nada menos que un milagro.

> *Desde un punto de vista natural yo no debería estar en ningún lugar excepto bajo tierra. Volver a jugar al tenis profesional no fue nada menos que un milagro.*

Estaba viviendo mi sueño en tecnicolor, agradecido por cada bola que golpeaba por encima de la red, sintiéndome humilde por los dolores no causados por la enfermedad sino por músculos que habían sido resucitados para volver a vivir. Si eso no era suficiente, incluso se me había dado la oportunidad de jugar en el torneo de clasificación para Wimbledon. Antes, eso habría sido la culminación de todos mis sueños, pero durante los dos últimos años mis prioridades y mis pasiones habían cambiado. Aunque seguía amando el tenis, la feroz concentración, el intenso cansancio físico, la ráfaga de adrenalina, la velocidad y la competición, había un dolor en mí que ninguna de esas cosas podía quitar.

En todo el mundo, en tranquilas aldeas de Alemania, bajo los Alpes suizos, en Ámsterdam, en África, en Guatemala, en los Estados Unidos, y también en el Instituto Nacional de Salud, había personas que morían antes de su tiempo porque no sabían que hay un Dios que sigue haciendo milagros. De los millones que conocían a Dios, solamente unos pocos entendían cómo recibir un milagro de Él.

El tenis era divertido, pero había personas muriendo; y yo conocía el antídoto. Dios había sustituido las llamas ardientes del cáncer que antes se habían propagado en mi cuerpo por otro tipo de fuego: un deseo ardiente de interponerme entre los moribundos y la tumba y ayudarlos a conectar con el poder sanador de Dios. Por lo tanto, en lugar de seguir jugando al tenis de competición, cambié la dirección de mi vida. En 1990 me mudé a Tulsa, Oklahoma, para estudiar en el Rhema Bible Training Center. Dos años después me gradué y entré en un mundo de desesperanza, de personas que sufren, sintiéndome inadecuado para ayudar pero sabiendo que *"para Dios todo es posible"* (Mateo 19:26; Marcos 10:27).

> *Dios había sustituido las llamas ardientes del cáncer por un deseo ardiente de interponerme entre los moribundos y la tumba y ayudarlos a conectar con el poder sanador de Dios.*

Servimos a un Dios de milagros; el mismo Dios que resucitó a Jesús de la muerte sigue haciendo milagros cada día; pero hay un milagro mayor que ojos ciegos que ven, oídos sordos que oyen, miembros paralíticos que se mueven, o tumores que desaparecen. Es el milagro que ocurre cuando alguien le pide a Jesús que entre en su corazón, y su espíritu es resucitado de la muerte y recibe inmortalidad. Es el milagro que no solo garantiza vida eterna en el cielo con Jesús, sino que también abre la puerta a una vida sobrenatural aquí en la tierra.

Si le gustaría recibir este milagro, simplemente haga esta oración:

Dios Padre, me arrepiento ante ti de todos mis pecados. Te doy gracias porque Jesús murió en la cruz en mi lugar, y acepto tu gran regalo del perdón. Le pido a Jesús que viva en mi corazón, dirija mis pasos, y me enseñe a andar en tus caminos. Oro en el nombre de Jesús. Amén.

Han pasado más de veinte años desde que Dios me sanó de linfoma de Burkitt y de los medicamentos letales utilizados para tratarla. Cuando me dieron de alta del Instituto Nacional de Salud, mi médico me advirtió que el tratamiento me había dejado estéril. En la actualidad, mi esposa Beth y yo tenemos cuatro hijos. Viajo por el mundo diciendo a cualquiera que escuche que Dios sigue haciendo milagros. Estoy muy agradecido a Él por sanarme y por permitirme ayudar a otras personas a recibir sus milagros.

Para mí, ser testigo de ojos ciegos que ven, oídos sordos que oyen, tumores que se disuelven, y los moribundos ser resucitados a una vida nueva es mucho mejor que ganar Wimbledon; es mayor que ganar el Grand Slam. Esas victorias duran un momento; estas otras duran toda la vida.

El mayor milagro de todos dura por la eternidad.

Sé esto sobre Dios: lo que Él ha hecho por mí, lo hará por usted. Si está usted enfermo, Él le sanará. Si no tiene esperanza, Él le dará esperanza. Y si quiere vivir una vida milagrosa, está a su disposición: hoy.

# Parte II:

# Pasos hacia la sanidad

# Introducción

El cristianismo está basado en milagros. El nacimiento virginal, convertir agua en vino, caminar sobre el agua, sanar a los enfermos y resucitar a los muertos son todos ellos milagros que sucedieron en la vida de Jesucristo, quien es Dios encarnado. Nuestro Dios es un Dios de milagros; Él es un Dios que hace milagros. Si alguien debiera creer y experimentar milagros, deberían ser aquellos de nosotros que somos el pueblo de Dios.

Me entristece decir que en muchas iglesias hoy día sigue habiendo poca o ninguna enseñanza sobre sanidad y milagros; sin embargo, ese es el evangelio que Jesús predicó y nos entregó (véase, por ejemplo, Mateo 10:7–8; Lucas 4:18; Lucas 10:1, 8–9). Con demasiada frecuencia nos hemos conformado con una apariencia de piedad pero negando su eficacia (véase 2 Timoteo 3:5); sin embargo, esos tiempos han terminado. Está usted a punto de descubrir no palabras huecas sino el poder de Dios encerrado en las Escrituras.

Las personas oyen o leen a menudo sobre una historia milagrosa pero no entienden lo que pasó entre bambalinas para que una persona posea ese milagro. Con frecuencia me preguntan: "¿Qué pasos dio usted para recibir su sanidad?". Hay muchas personas que sufren hoy día y que no saben qué hacer o dónde comenzar para recibir su milagro.

La Parte II de este libro es una mirada más profunda, entre bambalinas, a lo que hizo nuestra familia y los pasos que el Espíritu Santo nos dio con respecto a la sanidad, al igual que ejemplos de sanidad en las vidas de otros. En el momento de mi diagnosis, nuestra familia nunca se había enfrentado a una prueba de fe tan difícil. Mi padre, madre, hermano y hermana se unieron todos ellos para creer a Dios y recibir un milagro. Nuestra familia de la iglesia y nuestros amigos también se unieron y fueron un gran aliento para nosotros.

Es mi oración que las páginas siguientes sean un manual práctico para ayudarle a navegar por circunstancias difíciles y saber qué hacer en caso de que usted o alguien a quien conoce necesite un milagro. Creo que descubrirá al Dios que sana y recibirá todo lo que ha sido provisto para usted por medio de Jesucristo.

CAPÍTULO 7

# Paso Uno: Tened fe en Dios

*"Respondiendo Jesús, les dijo: Tened fe en Dios".*
—Marcos 11:22

Su imagen de Dios tiene mucho que ver con si recibirá o no de parte de Él. Desde el principio mismo, Satanás ha pretendido lanzar una sombra sobre el carácter de Dios. El enemigo busca distorsionar y pervertir la imagen de Dios en las mentes de la creación de Dios. Él es un mentiroso (véase Juan 8:44), y sabe que si puede lograr que crea una mentira sobre Dios, entonces usted no pondrá su confianza en Él ni se acercará a Él con fe y confianza.

Hace años, estaba en Nairobi, Kenia, escuchando a los predicadores callejeros en cada esquina. Un pequeño círculo de treinta o cuarenta personas se juntaba alrededor de cada uno de ellos para oírle predicar, pero mientras escuchaba los diversos mensajes, me di cuenta de que casi todos ellos estaban predicando sobre el juicio y el infierno.

La imagen de Dios que presentaban era que Él era una deidad que condenaba, lista para enviarlos a todos al infierno. Aunque hay un cielo que obtener y un infierno que evitar, Dios nunca creó el infierno para el hombre; el infierno fue creado para Satanás y sus ángeles caídos. Yo quería interrumpir los sermones de esos predicadores callejeros y decirle a la gente lo más importante que necesitaban saber sobre Dios: ¡Él es *bueno*!

*Tú eres bueno, y haces el bien; enséñame tus decretos.*

(Salmos 119:68, NVI)

*Gustad, y ved que es bueno Jehová; dichoso el hombre que confía en él.*                    (Salmos 34:8)

## El amor nunca falla

Hace unos años, un hombre que tenía SIDA acudió a un servicio de sanidad y recibió oración por sanidad. Semanas después, le hicieron pruebas y los médicos descubrieron que no había ninguna evidencia del virus en su cuerpo. Él regresó a la iglesia y testificó de su sanidad, y cuando lo hizo, le preguntó al pastor: "¿Por qué me sanó Dios? ¿Es que no sabe Él que he sido una persona muy mala?". El pastor dijo: "Dios no te sanó porque hayas sido una mala persona, sino porque Él es un Dios bueno, muy bueno".

> **"Dios no te sanó porque hayas sido una mala persona, sino porque Él es un Dios bueno".**

Es la bondad de Dios la que lleva a los hombres al arrepentimiento (véase Romanos 2:4). ¡Cuántos de nosotros podemos testificar de su bondad!

Una manera de que su doctrina sea correcta y sus actitudes y acciones semejantes a Cristo, pese a las circunstancias que afronte, es recordar siempre estas verdades:

1. Dios es bueno.

2. El diablo es malo.

3. Nunca intercambian sus papeles.

Una vez prediqué en un mercado al aire libre en Nairobi y le hablé a la gente sobre la bondad de Dios. Una señora se acercó a mí y dijo: "Yo soy la bruja local, y he servido a Satanás durante dieciocho años. Satanás ha sido un capataz duro; me ha afligido con ocho enfermedades y no quiere sanarme. Si lo que usted está diciendo es verdad, que Dios es bueno, prefiero servirlo a Él. Usted dijo que Jesús era el Sanador. Si Jesús me sana, renunciaré alegremente a Satanás y aceptaré a Cristo".

Cuando extendí mi mano para orar por ella, el poder de Dios la alcanzó, y fue inmediatamente sanada. Después de revisarse el cuerpo, entendió que había sido sanada no solo de una sino de las ocho enfermedades que la habían afligido. Subió a la plataforma, renunció a Satanás, y pidió a todos en el mercado que la perdonaran. Dirigiéndose a la multitud, dijo: "Dios es un Dios bueno. ¡Ustedes tienen que servir a Jesús!".

Hoy día, muchas personas están atascadas en una rutina espiritual porque, en algún momento de sus vidas, culparon a Dios de algo que el diablo les hizo. Han sido heridas y desde entonces están enojadas con Dios; y ahora, están amargadas.

Debe usted saber que la enfermedad viene de Satanás y que la sanidad viene de Dios. Es la voluntad de Dios para nosotros que seamos sanados.

*Muchos son los que dicen: «¿Quién puede mostrarnos algún bien?» ¡Haz, Señor, que sobre nosotros brille la luz de tu rostro!* (Salmos 4:6, NVI)

Muchas personas no cuestionan la *capacidad* de Dios para sanar, sino que cuestionan su *voluntad* de sanar. Saben que Dios puede hacer cualquier cosa. Su pregunta es: ¿Lo hará Él por mí?

Como padre que ha criado cuatro hijos, es importante para mí que mis hijos sepan cuánto los amo y que quiero lo mejor para ellos. Mis hijos no tienen ninguna duda de que yo haría cualquier cosa para ayudarles en cualquier momento, en especial cuando tienen una necesidad. Prefiero que mis hijos entiendan mi voluntad de bendecirlos a que entiendan mi capacidad para bendecirlos. Puede que no siempre tenga los recursos que ellos necesitan, pero conocen mi naturaleza y carácter y, por lo tanto, nunca dudan de mi voluntad de ayudarlos.

Si eso es cierto de nosotros como padres y madres, ¿cuánto más es cierto de nuestro Padre Dios? Él puede, pero también quiere.

*Pues si ustedes, aun siendo malos, saben dar cosas buenas a sus hijos, ¡cuánto más su Padre que está en el cielo dará cosas buenas a los que le pidan!* (Mateo 7:11, NVI).

F. F. Bosworth dijo: "La fe comienza donde se conoce la voluntad de Dios… Cada sufriente individual debe ser convencido por la Palabra de Dios de que su sanidad es la voluntad de Dios".[1]

## Revelación personal

> **Cada uno debe tener una revelación personal de Cristo como nuestro Sanador.**

Jesús afirmó: *"Para los hombres es imposible, mas para Dios, no; porque todas las cosas son posibles para Dios"* (Marcos 10:27).

Esa es una verdad absoluta; no está sujeta a la opinión o el debate. ¡La verdad es que todas las cosas son posibles para Dios! Sin embargo, no recibimos de Dios basándonos en su capacidad: lo que Él *puede* hacer. Recibimos de Dios basándonos en la revelación personal de *quién es Él*. Cada uno debe tener una revelación personal de Cristo como nuestro Sanador.

Jesús preguntó a sus discípulos: *"¿Quién dicen los hombres que es el Hijo del Hombre?"* (Mateo 16:13). Después les preguntó: *"Y*

---

1. F. F. Bosworth, *Christ the Healer* (New Kensington, PA: Whitaker House, 2000), pp. 100, 99.

*vosotros, ¿quién decís que soy yo?"* (versículo 15, énfasis añadido). Pedro respondió: *"Tú eres el Cristo, el Hijo del Dios viviente"* (versículo 16).

Entonces Jesús dijo:

> *No te lo reveló carne ni sangre, sino mi Padre que está en los cielos. Y yo también te digo, que tú eres Pedro, y sobre esta roca edificaré mi iglesia; y las puertas del Hades no prevalecerán contra ella.* (versículos 17–18)

Es importante que entienda bien esto. Jesús dijo que Él edificaría su iglesia sobre la revelación personal de quién es Él. Las personas no necesitan *información* tanto como necesitan *revelación*.

## La historia de "tía Susi"

Con frecuencia me hacen preguntas como: "¿Por qué no fue sanada tía Susi? Ella era una santa maravillosa que amaba al Señor. ¡Era una columna en la iglesia!".

En primer lugar, no recibimos de Dios basados en las obras. Si usted conoce algo sobre la Biblia, debe saber que la salvación no puede ganarse; es un regalo gratuito que se otorga sobre la base de nuestra fe en que Jesús pagó el precio supremo por nuestros pecados. *"Porque por gracia sois salvos por medio de la fe; y esto no de vosotros, pues es don de Dios"* (Efesios 2:8).

No podemos ser lo bastante buenos para ganarnos la salvación; por lo tanto, ¿por qué intentamos volver otra vez a las obras por lo que respecta a la sanidad? No hay ninguna buena obra que pueda ganar la sanidad para usted o para otra persona. Jesús la compró por las llagas que soportó, y se puede tener acceso a ese regalo gratuito solamente mediante la fe.

En segundo lugar, "tía Susi" puede que haya sido una santa maravillosa que amaba al Señor, pero también puede que no tuviera ningún conocimiento sobre la sanidad y cómo *recibir* de Dios. La Biblia dice que el pueblo perece por falta de conocimiento (véase Oseas 4:6). Para ser sanado, debe usted recibir una revelación personal de Jesús el Sanador.

En un servicio ministerial hace varios años, veinte personas pasaron al altar para recibir oración por sanidad. Yo comencé a orar por ellos, pero el Señor me detuvo, diciendo: *No, no ores por ellos. Diles que levanten sus manos y digan: "Jesús, ¡tú eres mi Sanador!".*

Les di esas instrucciones, y las veinte personas levantaron sus manos y clamaron a Dios: "Jesús, ¡tú eres mi Sanador! ¡Jesús, tú eres mi Sanador! ¡Jesús, tú eres mi Sanador!".

De repente, la presencia y el poder de Dios cayeron sobre ese lugar, y Dios comenzó a tocar a personas mientras ellas lloraban, temblaban, y caían al piso. Después, personas testificaron de los milagros que habían recibido. De los testimonios que oímos ese día y a lo largo de la semana siguiente, creo que las veinte personas fueron sanadas.

Jesús fue claro sobre la futilidad de que las personas intenten obtener algo eterno mediante las obras. Me gusta el modo en que lo expresa la versión Nueva Traducción Viviente: *"Humanamente hablando, es imposible, pero no para Dios. Con Dios, todo es posible"* (Marcos 10:27, NTV).

## La naturaleza de Dios

Dios ha existido desde el principio. Siempre ha sido quien es, y ha pasado miles de años revelando su carácter y su naturaleza a los seres humanos. Por ejemplo...

*"Misericordioso y clemente es Jehová; lento para la ira, y grande en misericordia".*               (Salmos 103:8)

*"El ladrón no viene sino para hurtar y matar y destruir; yo he venido para que tengan vida, y para que la tengan en abundancia".*                                    (Juan 10:10)

A pesar de la revelación de Dios de su carácter y naturaleza, muchas personas lo culpan a Él de enfermedades, accidentes y calamidades, llamándolos "actos de Dios". Pero Dios no es el autor de esas cosas.

Muchas personas que afirman conocer a Dios, en realidad no lo conocen. La fe en Dios comienza con tener fe en *quién es Dios*; sin embargo, si escuchamos a muchos predicadores, podríamos tener la impresión equivocada sobre su carácter y su voluntad.

La iglesia en la que me crié me enseñó que Jesús era el Salvador del mundo, pero nunca me enseñó que Jesús era el Sanador. La iglesia estaba en silencio y era casi desalentadora en el área de la sanidad. Me dijeron que los milagros no eran para la actualidad, que cesaron con el último de los apóstoles.

Sin embargo, el ministerio de Jesús consistía en enseñanza, predicación y sanar a los enfermos. ¿Acaso no hemos de hacer nosotros hoy esas mismas obras? ¿No se nos ha dado la Gran Comisión? *"Vayan por todo el mundo y anuncien las buenas nuevas a toda criatura"* (Marcos 16:15, NVI). Jesús dijo: *"Y estas señales seguirán a los que creen... sobre los enfermos pondrán sus manos, y sanarán"* (Marcos 16:17–18), y: *"De cierto, de cierto os digo: El que en mí cree, las obras que yo hago, él las hará también; y aun mayores hará, porque yo voy al Padre"* (Juan 14:12).

En el Antiguo Testamento, Dios se reveló como Sanador. Cuando los israelitas cruzaron el mar Rojo y llegaron a aguas amargas en Mara, Dios dijo: "Yo soy Jehová-rafa", que significa

> **"Yo soy el Señor que te sana"**
> *(Éxodo 15:26).*

79

*"Yo soy el Señor que te sana"* (véase Éxodo 15:22–27). En esencia, Él quería que ellos supieran que Él sería su médico mientras viajaban por el desierto. Él convirtió sus aguas amargas en aguas dulces, y hará lo mismo por usted.

Quizá usted o alguien a quien conoce han llegado a aguas amargas y han recibido una mala noticia. Si es ese el caso, Dios quiere revelarse a usted como su Sanador, pero así es como funcionan los principios espirituales: *Dios será para usted lo que usted declare que Él es.* Él convertirá las aguas amargas en aguas dulces. Él le sanará de cualquier enfermedad o dolencia que haya sufrido. *"Nada es imposible para Dios"* (Lucas 1:37, NVI).

## Su imagen de Dios

En el libro de Marcos leemos:

> *Vino a él un leproso, rogándole; e hincada la rodilla, le dijo: Si quieres, puedes limpiarme. Y Jesús, teniendo misericordia de él, extendió la mano y le tocó, y le dijo: Quiero, sé limpio.* (Marcos 1:40–41)

Jesús mostró claramente su voluntad. Él dijo: "Quiero". Sin embargo, hoy día muchas personas siguen sin entender la voluntad de Dios.

Todo el mundo tiene una idea sobre la naturaleza de Dios, y esas ideas se forman mediante cosas que nos enseñan o que llegamos a creer por diversas experiencias e impresiones en nuestras vidas. Es un error monumental intentar determinar el carácter de Dios, su voluntad y sus caminos solamente por medio de la experiencia en lugar de por la lectura de la Biblia. De hecho, las experiencias dolorosas pueden llevarnos a sacar conclusiones equivocadas sobre Dios que en absoluto están en consonancia con la Escritura. Recuerde que, desde el principio, Satanás ha buscado engañar a la humanidad para que crean mentiras sobre Dios y su naturaleza. ¿Por qué hace eso él? Sabe que mientras usted crea una mentira sobre Dios, nunca experimentará su verdadera bondad.

Examinemos lo que dice la Biblia sobre Dios y su carácter.

## ¿Cuál es la naturaleza esencial de Dios?

### Dios es amor

La Escritura nos dice que Dios mismo es amor.

> *"Y nosotros hemos conocido y creído el amor que Dios tiene para con nosotros. Dios es amor; y el que permanece en amor, permanece en Dios, y Dios en él".*  (1 Juan 4:16)

Lo más importante que puede usted decir sobre el amor de Dios es que Él le ama. Su amor por usted es personal y genuino; no es variable o endeble, sino permanente. Su amor no vacila ni se desvanece; es estable e intenso, y desea lo mejor para usted.

La naturaleza de Dios es amor. Todo padre o madre amoroso que alguna vez ha tenido un hijo enfermo haría cualquier cosa que esté en su mano para hacer que ese niño se sienta mejor y vuelva a estar bien. ¿Cuánto más es cierto eso de nuestro Padre celestial que nos ama? Dios no pone enfermedades en nosotros. Él no tiene enfermedades. Él vino para darnos vida, ¡y vida en abundancia! (véase Juan 10:10).

> *Por lo tanto, imiten a Dios en todo lo que hagan porque ustedes son sus hijos queridos. Vivan una vida llena de amor, siguiendo el ejemplo de Cristo. Él nos amó y se ofreció a sí mismo como sacrificio por nosotros, como aroma agradable a Dios.*  (Efesios 5:1–2, NTV)

### *Dios es bueno*

Un segundo aspecto vital de la naturaleza de Dios es que Él es bueno. Mucha doctrina errónea en la iglesia surge de la enseñanza de que Dios usa enfermedades, tragedias y devastación para enseñar y moldear a sus hijos, y eso crea mucha confusión para el creyente que intenta hacer la voluntad de Dios porque nunca está seguro de si resistir o aceptar la adversidad.

Algunas personas dicen: "Quizá Dios está trayendo enfermedad sobre mí para enseñarme una lección". ¡No! Eso sería como si un padre intencionadamente metiera en el fuego la mano de su hijo para enseñarle sobre el fuego. Eso sería abuso infantil, y Dios no abusa de sus hijos.

La bondad de Dios se ve en las buenas dádivas que Él nos da. *"Toda buena dádiva y todo don perfecto desciende de lo alto, del Padre de las luces, en el cual no hay mudanza, ni sombra de variación"* (Santiago 1:17). Leamos algunos versículos más de la Escritura que atestiguan de la bondad de Dios, y dejemos que esa verdad cale hasta lo profundo de nuestro corazón.

> *Den gracias al Señor, porque él es bueno; su gran amor perdura para siempre.* (Salmos 136:1, NVI)

> *Prueben y vean que el Señor es bueno; dichosos los que en él se refugian.* (Salmos 34:8, NVI)

> *Hablaré del amor inagotable del Señor; alabaré al Señor por todo lo que ha hecho. Me alegraré por su gran bondad con Israel, que le concedió según su misericordia y su amor. Él dijo: «Ellos son mi pueblo. Ciertamente no volverán a traicionarme». Y se convirtió en su Salvador. Cuando ellos sufrían, él también sufrió, y él personalmente los rescató. En su*

*amor y su misericordia los redimió; los levantó y los tomó en brazos a lo largo de los años.* (Isaías 63:7–9, NTV)

La verdad es que la enfermedad no viene de Dios. La enfermedad es una obra del diablo (véase, por ejemplo, Hechos 10:38; 1 Juan 3:8). Dios aborrece la enfermedad. "[Jesús] *anduvo haciendo bienes y sanando a todos los oprimidos por el diablo, porque Dios estaba con él*" (Hechos 10:38).

### Dios es un Dador

En tercer lugar, Dios es un dador: "*Porque tanto amó Dios al mundo, que dio a su Hijo unigénito*" (Juan 3:16, NVI). El mayor acto de amor es dar. Dios dio lo mejor; dio a su único Hijo. La Escritura dice que si Dios estuvo dispuesto a darnos a su único Hijo, "*¿cómo no nos dará también con él todas las cosas?*" (Romanos 8:32). Sabemos que si Dios estuvo dispuesto a darnos a Jesús, ¡entonces sin duda está dispuesto a sanar nuestro cuerpo y suplir todas nuestras necesidades!

Dios no retiene nada. "*No quitará el bien a los que andan en integridad*" (Salmos 84:11). ¿Recuerda al patriarca Job? Los problemas de Job venían de Satanás (véase Job 2:7), aunque Job batallaba con la idea de que Dios era la fuente de ellos. Cuando Job vio la luz, se arrepintió, ¡y fue Dios quien transformó su cautividad y le dio el doble de lo que tenía antes! (véase Job 42:10).

Cuando me diagnosticaron cáncer, una cosa de la que estaba seguro era que Dios es bueno. También sabía que Él "*es galardonador de los que le buscan*" (Hebreos 11:6). Sabía que si buscaba al Señor con todo mi corazón, Él me recompensaría sanando mi cuerpo.

> **Si Dios estuvo dispuesto a darnos a Jesús, entonces sin duda está dispuesto a sanar nuestro cuerpo.**

Dios es amor. Dios es bueno. Dios es un dador. Él nos sigue dando sus bendiciones hoy día.

## Una vida superior y súper abundante

Dios quiere que experimentemos la vida que es superior en calidad y súper abundante en cantidad. Dios no es un Dios condenador; no es un gran Juez que está en el cielo esperando enviarle un rayo cada vez que usted falla. En Cristo, Él ha provisto perdón por nuestros pecados y ayuda para nuestras debilidades. Debemos tener la imagen correcta de Dios para recibir de Él.

Si Jesús dijo: "Quiero" al leproso, le está diciendo "Quiero" a usted.

Si ha recibido un diagnóstico negativo del médico, no tiene que aceptarlo. Aunque la enfermedad en un cuerpo puede ser un hecho médico, la Palabra de Dios es la verdad, y la verdad vence a los hechos. Los hechos cambian, pero la verdad permanece siempre. El salmista dijo: *"La suma de tu palabra es verdad"* (Salmos 119:160), y Jesús oró al Padre por sus discípulos y todos aquellos que creerían en Él mediante su testimonio: *"Santifícalos en tu verdad; tu palabra es verdad"* (Juan 17:17). Dios es la única fuerza constante en todo el universo, así que ¡tenga fe en Dios!

Siempre que incluimos a Dios en la ecuación, la ecuación cambia. Ninguna enfermedad, ninguna situación es demasiado difícil para Él. *"Para los hombres es imposible, mas para Dios, no; porque todas las cosas son posibles para Dios"* (Marcos 10:27; véase también Marcos 9:23).

El profeta Jeremías declaró: *"Sáname, Señor, y seré sanado; sálvame y seré salvado"* (Jeremías 17:14, NVI). Nosotros podemos hacer la misma declaración hoy. Tener fe en Dios significa que tenemos fe en su carácter. Ponga su fe en Dios hoy porque, para Él, todo es posible.

CAPÍTULO 8

# Paso Dos:
# Estar atento a la Palabra de Dios

*"Hijo mío, está atento a mis palabras...*
*Porque son vida a los que las hallan,*
*y medicina a todo su cuerpo".*
—Proverbios 4:20–22

Cuando me diagnosticaron por primera vez linfoma de Burkitt, nuestra familia tomó la decisión de creer para recibir un milagro. El tiempo era absolutamente crítico, pues el cáncer en mi cuerpo iba creciendo con el paso de las horas. Abrimos la Biblia y comenzamos a leer atentamente las Escrituras. En aquel tiempo no entendía cuántas promesas de sanidad ofrece la Biblia. Decidimos creer la Biblia pese a lo que decía el médico o lo malas que parecían ser las circunstancias.

Lo primero que Dios dice que hagamos es *estar atentos* a sus palabras. Eso significa que tenemos que *prestar toda nuestra atención* a lo que Dios ha dicho. Si usted está en una batalla, y espera ganar, tiene que hacer de la Palabra de Dios su máxima prioridad.

El reino de Dios opera sobre la base de plantar semilla. Jesús dijo:

*El reino de Dios se parece a quien esparce semilla en la tierra. Sin que éste sepa cómo, y ya sea que duerma o esté despierto, día y noche brota y crece la semilla. La tierra da fruto por sí sola; primero el tallo, luego la espiga, y después el grano*

*lleno en la espiga. Tan pronto como el grano está maduro, se
le mete la hoz, pues ha llegado el tiempo de la cosecha.*

(Marcos 4:26–29, NVI)

Si quiere una cosecha de sanidad, debe plantar semilla de
sanidad. Para comenzar su sanidad, por lo tanto, debe reunir
todos los pasajes bíblicos sobre sanidad que hay en la Biblia.
Léalos, medite en ellos, y declárelos una y otra vez. Al hacer eso,
está plantando semillas de sanidad en su corazón y regándolas
con sus palabras.

Con demasiada frecuencia las personas esperan pensando
que si Dios quiere sanarlas, entonces la sanidad sencillamente
"caerá" sobre ellas. ¡No es así como *operan las leyes espirituales!* Dios opera sobre la base de la fe, como vimos en el capítulo anterior. Se podría decir que la fe es la moneda del reino de
Dios. Debemos usar nuestra fe para recibir algo de Dios (véase
Hebreos 11:6).

## "Él envió su palabra y los sanó"

La Biblia dice: *"Envió su palabra, y los sanó, y los libró de su
ruina"* (Salmos 107:20). Su sanidad se manifestará cuando usted combine su fe con la Palabra de Dios. Por eso nosotros no
dejamos de tener versículos de sanidad ante nuestros ojos en
todo momento mientras yo me mantenía en fe esperando la manifestación de mi sanidad. Proverbios 4:20-21 dice: *"Hijo mío,
está atento a mis palabras... No se aparten de tus ojos; guárdalas en
medio de tu corazón".* Teníamos versí-
culos de sanidad en tarjetas al lado de
mi cama, en pósteres, y en hojas impresas pegadas a las paredes.

> **Su sanidad se
> manifestará cuando
> usted combine su
> fe con la Palabra
> de Dios.**

Ha habido avances en la investigación médica, y algunos estudios han

demostrado que la fe es un factor determinante en la capacidad de las personas para sanar. Las personas de fe generalmente son más positivas, sanan con más rapidez, y se recuperan más rápidamente que quienes no tienen fe. Aunque este factor es relativamente nuevo para la investigación médica, es una ley espiritual que ha estado envuelta en la sabiduría de la Biblia desde el principio.

Hace años, Dios dio instrucciones a Josué sobre cómo habían de poseer los israelitas la Tierra Prometida. Les dijo:

> *Nunca se apartará de tu boca este libro de la ley, sino que de día y de noche meditarás en él, para que guardes y hagas conforme a todo lo que en él está escrito; porque entonces harás prosperar tu camino, y todo te saldrá bien.* (Josué 1:8)

## La llave del éxito: meditar en la Palabra

La llave del éxito que Dios reveló a Josué fue meditar en su Palabra, y es también una de las llaves del éxito para usted. Investigadores han descubierto el poder de la meditación. Las imágenes apropiadas causan que el cerebro libere anticuerpos y enzimas que luchan contra la enfermedad y fortalecen el sistema inmunológico.

Las palabras de Dios *"dan vida a quienes las hallan; son la salud del cuerpo"* (Proverbios 4:22). La palabra hebrea traducida como *"salud"* también significa "medicina"; por lo tanto, podemos afirmar que las palabras de Dios son medicina. En mi caso, entendí que no había ninguna medicina en lo natural que pudiera curarme, pero Dios dijo que sus palabras eran medicina y me curarían. La medicina de Dios no tiene efectos secundarios adversos, y pese a la cantidad que tomemos, ¡nunca podremos tomar demasiada!

A medida que reúne sus versículos de sanidad, piense en ellos y dígalos en voz alta una y otra vez. Entienda que mientras lo hace, está tomando la medicina de Dios.

## Tome la medicina de Dios

Mientras yo era un paciente en el INS, mi familia y yo sabíamos que estábamos en una batalla de vida o muerte. Recuerde que no permitíamos que llegaran muchas visitas para socializar. No podíamos permitirnos ser distraídos porque teníamos que mantenernos enfocados y dar toda nuestra atención a tomar la medicina de Dios. Hubo veces en que yo estaba demasiado cansado o demasiado enfermo para tomarla por mí mismo, y durante esas ocasiones otras personas me leían versículos de la Escritura. Después, cuando yo estaba más fuerte, tomaba un versículo y lo recitaba mil veces en un solo día. ¡Estaba tomando la medicina de Dios! Eso es lo que usted debería hacer también.

A lo largo de los años, al trabajar con personas que estaban enfermas he sido testigo del poder de la Palabra de Dios en acción. Un ejemplo es una mujer llamada Michelle. Estaba en coma y la mantenían con soporte vital, y tenía fallo renal. Michelle necesitaba desesperadamente un trasplante de riñón, pero estaba en la lista de espera. El médico explicó que probablemente no sobreviviría a la noche. Ella necesitaba un milagro; sin embargo, no había nada que la ciencia médica pudiera hacer por ella. Yo llevé los versículos de sanidad a su habitación del hospital y los declaré en voz alta sobre su cuerpo. Los dije cientos de veces. Dos horas después, los monitores comenzaron a cambiar. Las enfermeras observaron una mejora en su respiración y su actividad cerebral. En la mañana, ella estaba en la cama incorporada, ¡totalmente alerta y sana! La Biblia dice esto sobre la Palabra de Dios:

*Pues la palabra de Dios es viva y poderosa. Es más cortante que cualquier espada de dos filos; penetra entre el alma y el espíritu, entre la articulación y la médula del hueso. Deja al descubierto nuestros pensamientos y deseos más íntimos.*

(Hebreos 4:12)

Muchas personas no reciben las manifestaciones de sus sanidades porque no reconocen el poder de la Palabra de Dios y la estiman plenamente en sus vidas. Algunos cometen el error de sustituir la profecía personal por oír la Palabra de Dios; otros cometen el error de querer que sus pastores, otros miembros de la iglesia, amigos o familiares se compadezcan de ellos o crean por ellos en lugar de atender a la Palabra de Dios ellos mismos.

En otras palabras, muchas personas dicen que creen en la sanidad, pero no toman la medicina de Dios. No la toman como tomarían la medicina natural: según las instrucciones.

> *Muchas personas dicen que creen en la sanidad, pero no toman la medicina de Dios como tomarían la medicina natural: según las instrucciones.*

Cuando yo estaba hospitalizado, llegaron varias personas y me dieron profecías personales sobre mi futuro. Una profecía inspirada por el Espíritu es una palabra de ánimo o edificación de parte de Dios dada a un creyente para otro miembro (o un grupo de miembros) en el cuerpo de Cristo. Aunque esa profecía fue de esperanza y aliento para mí, mi pastor, Randy Gilbert, me advirtió que pusiera las profecías en espera por el momento y enfocara mi atención en la Palabra de Dios.

En aquel momento yo no entendí totalmente su consejo, pero ahora agradezco su sabiduría. He visto a personas dejar de creer en Dios literalmente porque otra persona les dio una profecía personal que suponían que se cumpliría "automáticamente". Aunque una profecía personal puede ser un aliento legítimo de parte de Dios, apoyarse solamente en ella significa creer la palabra de otra persona por encima de la Palabra de Dios escrita. Aunque la profecía es buena, nunca debería sustituir sino solamente confirmar la Palabra de Dios en nuestro corazón.

> *Toda la Escritura es inspirada por Dios y útil para enseñar, para reprender, para corregir y para instruir en la justicia, a fin de que el siervo de Dios esté enteramente capacitado para toda buena obra.* (2 Timoteo 3:16–17, NVI)

Debemos probar todas las palabras de profecía para ver si están en consonancia con la Palabra de Dios. "*No apaguen el Espíritu, no desprecien las profecías, sométanlo todo a prueba, aférrense a lo bueno*" (1 Tesalonicenses 5:19–21, NVI).

Si Dios lo dijo, sin duda se cumplirá. Es la Palabra de Dios la que, cuando se acepta y se practica, hace que recibamos de Él; por lo tanto, siga tomando la Palabra de Dios como medicina.

## La ley del desplazamiento

Si ha recibido un diagnóstico grave, debe sumergirse en la Palabra de Dios. Anteriormente escribí que cuando mi cuerpo estaba enfermo, el Espíritu Santo me mostró una visión de dos recipientes, uno lleno de agua sucia y fangosa, y el otro lleno de agua clara y cristalina.

*La Palabra de Dios le limpiará y hará que la enfermedad salga de su cuerpo.*

Él me dijo que si tomaba el recipiente con el agua limpia y lo echaba en el recipiente del agua sucia, sería lo mismo que tomar su Palabra y derramarla en mi cuerpo, el cual había sido atacado por la enfermedad. Si yo continuaba derramando su Palabra en mí, desplazaría o eliminaría la enfermedad de mi cuerpo.

Cuando usted se sumerge en la Palabra de Dios, tiene un efecto limpiador. Es el "lavamiento del agua por la Palabra" (véase Efesios 5:26) lo que elimina enfermedad y muerte y produce salud y vida. La Palabra de Dios le limpiará y hará que la enfermedad salga de su cuerpo.

He visto a personas a quienes diagnosticaron fibromialgia, síndrome del túnel carpal, eczema, enfermedades autoinmunes y otras enfermedades incurables tomar la Palabra de Dios como medicina y ser curadas.

Hace varios años, a Susan le diagnosticaron cáncer cervical. El médico escribió en su informe que ella estaba en la fase 3 o 4B, una de las fases finales, de la enfermedad. Durante tres semanas ella se sumergió en la Palabra de Dios; atendió a las promesas de sanidad y comenzó a reclamar sanidad para su cuerpo. A medida que lo hizo, comenzó a sentirse más fuerte y más vigorizada en su cuerpo. Unos días después, asistió a una serie de reuniones de sanidad. La última noche, ella "creyó que recibió" su sanidad. Esa misma noche tuvo una hemorragia y tuvo que ser ingresada en un hospital local y recibir una transfusión de sangre. Un escáner de cuello de útero no mostraba evidencia alguna del cáncer. Dios la había sanado, ¡y ha estado sana desde entonces!

A mi padre le hicieron una cirugía para eliminar una obstrucción en el esfínter del conducto biliar. Mientras nuestra familia estaba sentada en la sala de espera, entró el cirujano, reunió a nuestra familia y comenzó a darnos la triste noticia.

"Encontré un bulto del tamaño de mi mano rodeando la arteria principal que recorre el páncreas. Fue inoperable, y lamento decirles que el Sr. Wills tiene cáncer de páncreas y unos seis meses de vida", dijo.

Mi cuñado, Ed, preguntó: "Doctor, ¿cuán seguro está de su diagnóstico?".

"¿A qué se refiere?", preguntó el médico. Ed volvió a preguntar.

"¿Cuán seguro está de su diagnóstico: 30 por ciento, 50 por ciento... 100 por ciento?".

"Yo diría que el 98 por ciento", respondió el médico.

"Bien", dijo Ed, "tomaremos el dos por ciento porque creemos en milagros, ¡y servimos a un Dios de milagros!".

Mi padre recibió el alta del hospital y, durante varios meses, se sumergió diariamente en pasajes bíblicos sobre sanidad. Atendió a la Palabra de Dios. Cuando regresó para que le hicieran un escáner, ¡el resultado fue que su páncreas estaba limpio y que fue sanado! La Palabra de Dios es medicina para toda nuestra carne.

> *Pues la palabra de Dios es viva y poderosa.*
>
> (Hebreos 4:12, NTV)

Una de las principales maneras en que Dios nos sana es al apropiarnos de lo que nos pertenece mediante su Palabra. Cuando usted tome tiempo para atender a su Palabra mediante la meditación y la confesión, Dios iluminará su Palabra; usted descubrirá que ciertos versículos comenzarán a destacar más que otros a medida que le ministran.

Si usted pone por obra la Palabra, la Palabra obrará por usted. La Palabra de Dios es verdad; es la verdad, toda la verdad y nada más que la verdad.

## Tenga cuidado con lo que oye

Jesús dijo:

> *Presten mucha atención a lo que oyen. Cuanto más atentamente escuchen, tanto más entendimiento les será dado, y se les dará aún más.* (Marcos 4:24, NTV)

En otras palabras: "Presten mucha atención" significa: "¡No se pierdan esto!".

En el ministerio de Jesús, las multitudes llegaban para oír las palabras de Jesús y para ser sanadas. En ese ambiente, la gente daba tanta importancia al escuchar como a la sanidad. Para ver la manifestación de nuestra sanidad, debemos hacer lo mismo. Si usted quiere los resultados de Dios, haga lo que Dios dice. Atienda a su Palabra: incline su oído a sus dichos, no deje que sus palabras se aparten de sus ojos, y guárdelas en su corazón. Si le da a las palabras de Él su atención plena y enfocada, serán vida, salud y medicina para toda su carne.

Brian (abajo, el último a la izquierda) con el equipo de tenis de la Universidad Drury

En las canchas en la Universidad Drury

Brian como "el paciente milagro" para el INS

Partiendo a Europa tras ser sanado milagrosamente para pasar el verano jugando al tenis contra algunos de los mejores jugadores del mundo en competiciones en Alemania, Holanda, Francia y Suiza

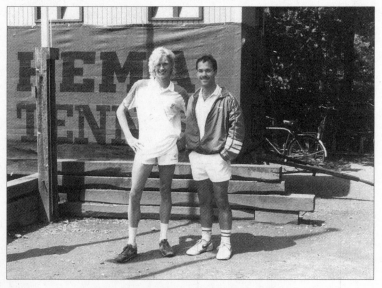

Con amigos en el circuito profesional europeo

Jugando en el circuito profesional europeo

Brian y su esposa, Beth

Brian y Beth con sus hijos:
Emily, Madeline, Preston y Jessica

Brian y Madeline

Ministrando sanidad en todo el mundo...

# Capítulo 9

# Paso Tres: Entienda el significado de las palabras

*"La lengua del sabio brinda alivio".*
—Proverbios 12:18 (NVI)

Las palabras declaradas tienen el poder de producir vida o muerte, bendición o maldición (véase Proverbios 18:21). Si quiere cooperar con Dios, debe entender que todo lo que Dios hace, lo hace con *palabras*. Cada milagro en la Biblia implicó palabras; toda la creación llegó a su manifestación mediante palabras. Los mundos fueron formados por la palabra de Dios hablada.

> *Por la fe entendemos haber sido constituido el universo por la palabra de Dios, de modo que lo que se ve fue hecho de lo que no se veía.* (Hebreos 11:3)

Hay algunas verdades en la Biblia que es bueno conocer; sin embargo, hay otras que es *esencial* conocer, y una de ellas es cómo recibir su sanidad. Si no sabe sobre la sanidad, podría morir joven y no cumplir nunca el plan de Dios para su vida. Para entender la sanidad, debe entender la importancia de las palabras que usted dice.

## Cuide sus palabras

Cuide las palabras que dice, y sea selectivo al escoger lo que dice y a quién se lo dice. Las palabras que declare le pondrán por encima o le pondrán por debajo. No puede declarar el problema y creer por su sanidad al mismo tiempo. *"Si afirmas ser religioso pero no controlas tu lengua, te engañas a ti mismo y tu religión no vale nada"* (Santiago 1:26, NTV).

Fe es simplemente estar de acuerdo con Dios. Es creer lo que Él dice sobre usted y lo que Él dice que puede usted tener. Por ejemplo, a Abram se le dio la promesa de que sería el padre de muchas naciones (véase Génesis 12:1–3); sin embargo, eso no sucedió hasta que Abram se puso de acuerdo con lo que Dios dijo sobre él, y Dios finalmente cambió su nombre de Abram, "padre alto", a Abraham, "padre de una multitud" (véase Génesis 17:3–5). Estar de acuerdo con Dios hizo que Abraham se fortaleciera en fe y, al igual que Dios, se llamó a sí mismo padre de muchas naciones.

Además, al ponerse de acuerdo con Dios, Abraham no se enfocó en el problema: su falta de un hijo. *"Y no se debilitó en la fe al considerar su cuerpo, que estaba ya como muerto (siendo de casi cien años), o la esterilidad de la matriz de Sara"* (Romanos 4:19). Si usted declara el problema, será consciente del problema, pero si declara lo que Dios dice, será consciente de Dios. Lo único que se requiere para que Dios se mueva en su vida es acuerdo. Él no anulará la voluntad de usted; debe ponerse de acuerdo con Él.

Repito que cada milagro en la Biblia implicó palabras. Si queremos cooperar con Dios, debemos hablar palabras llenas de fe a la atmósfera; y debemos creer que las palabras que declaramos se cumplirán.

Marianne sufrió síndrome de túnel carpal durante años. A pesar de repetidas cirugías, nada parecía aliviarla del dolor. Compartí con ella Isaías 53, el gran capítulo de la redención. Le mostré dónde decía que Jesús llevó sus enfermedades y soportó su dolor, y le pedí que meditara en ese pasaje de la Escritura cada día. Durante meses, ella meditó en Isaías 53:4–5 y, a medida que lo hacía, el dolor comenzó a remitir hasta que, un día, fue sanada. Se sintió inspirada a pintar un hermoso cuadro que representaba Isaías 53 titulado "Por sus llagas".

## El poder de las palabras

### Cómo opera Dios

Vivimos en un mundo natural donde la mayoría de personas están gobernadas por sus cinco sentidos físicos, los cuales no disciernen la esfera espiritual invisible. El sistema del "mundo", un modo de pensar y sus acciones resultantes que no toman en consideración a Dios, está "orientado a la muerte". Muchas personas han sido programadas por este tipo de pensamiento para hablar negativamente y aceptar la enfermedad como si les perteneciera.

Sin embargo, en el principio, cuando Dios creó la tierra y todo lo que hay en ella, usó el método de declarar las cosas para darles existencia y producir cambio y vida en este mundo natural. Cuando Dios habla, Él siempre declara el "resultado final".

*Yo soy Dios... que anuncio lo por venir desde el principio, y desde la antigüedad lo que aún no era hecho; que digo...*
(Isaías 46:9–10)

Cuando Dios creó a los seres humanos, les dio autoridad y dominio sobre el mundo natural; sin embargo, cuando Jesús apareció en la tierra, los seres humanos no estaban ejercitando su autoridad o dominio. La gente se maravillaba de la autoridad de Jesús (véase Mateo 7:28–29; Lucas 4:36). Él habló al agua, y se convirtió en vino. Él habló al viento, y dejó de soplar. Él habló a las olas, y se calmaron. Él habló a una mano seca, y fue sana. Él habló a las fiebres, y desaparecieron. Él habló a un hombre que llevaba cuatro días muerto, y el hombre salió de su tumba vivo. Él habló a un joven muerto que estaba metido en un ataúd, y el joven se incorporó con vida y fue llevado a su madre (véase, por ejemplo, Juan 2:1–11; Marcos 4:35–41; Lucas 6:6–10; Mateo 8:14–15; Juan 11:32–45; Lucas 7:11–15).

Jesús caminó con una autoridad y un dominio que ninguna otra persona en la tierra mostraba. Él es nuestro ejemplo.

Hace años, un famoso jugador de baloncesto tuvo un ataque al corazón y murió cuando tenía solamente treinta y nueve años de edad. Su colapso sobre la cancha de baloncesto en un partido improvisado fue una conmoción para muchas personas. Lo que la mayoría de ellas no sabían era que, durante años, él decía repetidamente: "Nunca viviré hasta los cuarenta años".

Ese joven fue el profeta de su propia vida. Usted es el profeta de la suya propia.

## *Declare su milagro*

Para recibir un milagro, debe declarar palabras; concretamente, debe declarar las palabras *correctas*. Sus primeras palabras al recibir un informe negativo pueden ser la diferencia entre la vida y la muerte. Sus palabras son como el timón de un barco; establecen el curso de su vida.

Una de las primeras decisiones que mi familia y yo tomamos al oír mi diagnóstico fue cuidar las palabras que decíamos. Decidimos ser muy selectivos con respecto a las palabras que escogíamos usar y con quién escogíamos compartir información. Les dábamos información solamente a amigos cercanos que sabíamos que mantendrían en secreto nuestra situación y que podían estar firmes en fe y acuerdo con nosotros.

Yo estaba en un ala del hospital llena de pacientes que tenían enfermedades incurables y terminales, y enfermedad y muerte nos abrumaban. Todos eran frágiles, débiles y enfermos; y hablaban de sus problemas constantemente. Estaban consumidos por sus diagnósticos, su dolor, y los efectos secundarios de sus medicinas. En medio de toda la desesperanza y desesperación, el Señor me advirtió: *Brian, si te permites a ti mismo pensar del mismo modo y hablar del mismo modo que lo hacen los demás, obtendrás el mismo resultado*. Desde un principio supe que tenía que cuidar mis palabras.

Los psicólogos nos preguntaban diariamente: "¿Cómo están llevando el diagnóstico?". Su meta era hacernos aceptar la muerte y rechazar cualquier esperanza de sanidad. Como escribí antes, ellos creían que yo estaba en negación y necesitaba aceptar el diagnóstico y estar preparado para organizar el funeral. Durante cada una de esas conversaciones, mi familia y yo teníamos que cuidar nuestras palabras. Con el médico, le hablábamos según sus términos pero nos negábamos a aceptar cualquier declaración contraria a la declaración de Dios. Si teníamos que compartir información con otros, les decíamos lo que el médico decía pero añadíamos: "Sin embargo, creemos Primera de Pedro dos, veinticuatro, ¡que dice que por sus heridas soy sano!". Nos negábamos a declarar el problema o el diagnóstico, y declarábamos solamente palabras positivas de fe, vida y victoria.

Otra cosa que hacíamos y que a la mayoría de la gente le parecía extraña era hablar al cáncer. Sin embargo, Jesús dijo:

> *Porque de cierto os digo que cualquiera que dijere a este monte: Quítate y échate en el mar, y no dudare en su corazón, sino creyere que será hecho lo que dice, lo que diga le será hecho.* (Marcos 11:23, énfasis añadido)

## Las palabras mueven montañas

Las *palabras* mueven montañas. Yo decía en voz alta: "Cáncer, en el nombre de Jesús, te ordeno que te vayas de mi cuerpo. No tienes derecho a mi cuerpo. Mi cuerpo le pertenece a Dios. Mi cuerpo es propiedad de Dios. Así que te ordeno que mueras. ¡Sal de mi cuerpo, en el nombre de Jesús!".

Esa práctica puede parecer extraña, pero recordemos que cuando Jesús caminó sobre la tierra, Él habló a fiebres, tormentas, espíritus malignos, y circunstancias contrarias. Somos creados a su imagen, y Él nos dijo que hagamos lo mismo. Si usted ordena a la enfermedad que se vaya de su cuerpo, ¡debe abandonar su cuerpo! La enfermedad debe obedecerle, pues usted tiene autoridad sobre la enfermedad. Aquí está uno de los versículos que revelan su poder en Cristo para sanar a los enfermos:

> Les digo la verdad, todo lo que prohíban en la tierra será prohibido en el cielo, y todo lo que permitan en la tierra será permitido en el cielo. (Mateo 18:18, NTV)

Cuando la hija del reverendo Norvel Hayes desarrolló bultos en su cuerpo, el Señor le habló y dijo: ¿Cuánto tiempo vas a soportar los bultos en el cuerpo de tu hija? Tú eres el cabeza de tu casa. Si maldices *esos bultos en mi nombre, morirán.* Por lo tanto, él ordenó a esos bultos que murieran y se fueran del cuerpo de su hija. Tras cuarenta días, ella fue sanada.

Cuando yo estaba en el hospital en lo que los médicos llamaban mi lecho de muerte, comencé a decir con mi boca: "Declaro sano mi cuerpo. Declaro sano mi cuerpo. Declaro que mi cuerpo funciona según el modo en que Dios lo creó para funcionar, y prohíbo cualquier mal funcionamiento en el nombre de Jesús". Hablaba de ese modo al tumor que medía veintidós centímetros en mi abdomen. Me desperté una mañana, ¡y había abandonado mi cuerpo!

Uno de mis familiares llamada Joyce tenía un bloqueo en su abdomen y tenía programada una cirugía exploratoria. Yo hice por ella la oración de fe y ordené morir al bloqueo en su cuerpo, en el nombre de Jesús. Cuando le hicieron la cirugía, ¡los médicos se sorprendieron al encontrar un bulto muerto en su cuerpo que pesaba seis kilos! Eso fue hace quince años, y ella ha estado sana desde entonces. Tenemos autoridad sobre la enfermedad en el nombre de Jesús.

No puede usted convencerme de que no hay poder en las palabras que decimos. La Biblia dice que Dios está atento a sus palabras para ponerlas por obra, de modo que cuando hablamos palabras que están en consonancia con las palabras de Él, Él estará atento y las cumplirá.

## Palabras llenas de fe

La sabiduría de la Biblia siempre ha dicho que podemos tener cualquier cosa que declaremos basados en la voluntad de Dios y en su Palabra, y la ciencia médica finalmente está comenzando a ver un destello de esta verdad. La investigación ha revelado que la misma parte de nuestro cerebro que controla el habla también controla el sistema inmunitario. ¡Las células responden cuando se pronuncian palabras!

> *Las palabras son creativas; causan que las cosas que están en la esfera invisible se manifiesten en la esfera visible.*

Ese no es el modo en que los médicos intentan curar a la gente; Dios escogió este método. Si quiere ver cambiar las circunstancias, declare palabras llenas de fe a la atmósfera. Las palabras son creativas; causan que las cosas que están en la esfera invisible se manifiesten en la esfera visible (véase Hebreos 11:1).

Dios obra de tal manera que necesita oír las palabras que usted declara. Leamos este versículo:

## Paso Tres: Entienda el significado de las palabras

*La muerte y la vida están en poder de la lengua, y el que la ama comerá de sus frutos.*                              (Proverbios 18:21)

Hace varios años, a Butch le diagnosticaron cáncer de esófago, y sus médicos le dijeron que el índice de supervivencia era solo del 5 por ciento. Por primera vez en su vida, escuchó la verdad sobre la sanidad y comenzó a leer versículos de sanidad diariamente. Decidió que a pesar de todo, declararía lo que Dios dijo. Cada día, declaraba: "Por las llagas de Jesús soy sano. Soy sano por las llagas de Jesús". Se negó a vacilar, a pesar de exámenes mensuales y visitas al médico que revelaban que el cáncer seguía estando presente. Entonces, un mes, regresó para que le hicieran un escáner, el médico se sorprendió al descubrir que no había cáncer alguno en su cuerpo. Butch había "batido las estadísticas". ¡Fue sanado!

Espero que se esté haciendo una idea. Dios quiere obrar en su vida, pero usted tiene que poner sus palabras de acuerdo con las de Él.

Cuando los psicólogos en el INS preguntaban si habíamos organizado el funeral, yo decía: "No, no tengo planes de morir. Salmos 118:17 dice: *'No moriré, sino que viviré, y contaré las obras del Señor'*. Voy a lograrlo. Voy a vivir. Declaro sano mi cuerpo. Declaro fuerte mi cuerpo. Cumpliré mi propósito". Aunque mis palabras enfurecían a los psicólogos, a mí no me importaba. Sabía que Dios, al igual que una hueste de sus ángeles celestiales, estaba escuchando, y era Él a quien yo quería agradar.

### Sus palabras presentes determinan su futuro

Su vida es producto de lo que dice. Al ponerse de acuerdo con Dios y decir lo que Dios dice, ¡puede tener lo que Él dice que puede usted tener! "¿De verdad tengo que decirlo?", alguien puede preguntar. ¡Sí! Dios dijo: *"por tus palabras serás justificado, y por tus palabras serás condenado"* (Mateo 12:37).

No tenga ninguna duda al respecto; sus palabras presentes determinan su futuro mañana.

El cristianismo se ha denominado "la Gran Confesión". Las palabras son poderosas; las palabras son creativas. Decida declarar la Palabra de Dios y observe cómo sus montañas se apartan del camino.

# CAPÍTULO 10

# Paso Cuatro: Sepa que la sanidad fue comprada en el Calvario

*Ciertamente él cargó con nuestras enfermedades y soportó nuestros dolores.*

—Isaías 53:4 (NVI)

**D**ebe usted tener la perspectiva correcta a fin de recibir de Dios. Con demasiada frecuencia, las personas esperan que Dios las sane cuando, en realidad, Él ya lo ha hecho. La religión nos ha enseñado que la sanidad fue parte de una obra pasada o es una bendición futura para cuando lleguemos al cielo un día; sin embargo, la sanidad es para el *presente*.

## Redimidos de la maldición completa

Para entender esta revelación de que la sanidad es para el presente, debemos entender que Jesús nos redimió de la maldición *completa*.

*Cristo nos redimió de la maldición... para que en Cristo Jesús la bendición de Abraham alcanzase a los gentiles.*

(Gálatas 3:13–14)

Dios ya ha hecho todo lo que Él va a hacer para comprar nuestra redención. Primera de Pedro 2:24 nos dice que por las heridas de Jesús, *fuimos* sanados. Cristo nos ha redimido de la maldición, y la maldición incluye muerte espiritual, enfermedad y pobreza. El precio ha sido pagado al completo. ¡Esas son las buenas noticias del evangelio!

Repito que la mayoría de cristianos esperan en Dios para su sanidad. Dicen: "Tan solo estoy esperando en el Señor. Si Él quiere sanarme, lo hará". Lo que no entienden es que Jesús compró su sanidad en el Calvario hace dos mil años. Están esperando en Dios y, mientras tanto, Él los está esperando *a ellos*.

No oímos a creyentes decir: "Estoy esperando en Dios para que me salve". La verdad es que Dios ya nos ha salvado. La salvación es un regalo gratuito, y nos corresponde a nosotros recibirlo. No lo recibimos por obras (véase Efesios 2:8–9). Como la salvación, la sanidad es una bendición redentora que recibimos mediante la fe. El mismo tipo de fe por la cual fue usted salvo es la fe por la cual recibirá su sanidad; tan solo tiene que creer en la obra salvadora que Jesús hizo por usted en la cruz.

## La fe es ahora

> *A pesar de cuáles sean sus síntomas, vuelva la mirada hacia el Calvario y diga: "Por las llagas de Jesús fui sanado".*

La fe es ahora. A pesar de cuáles sean sus síntomas, no espere el día en que Dios le sanará. Vuelva la mirada hacia el Calvario y diga: "Por las llagas de Jesús *fui* sanado". Si tiene la mentalidad de que debe esperar en Dios para recibir su sanidad, entonces estará esperando mucho tiempo, y lo más probable es que nunca la reciba.

Debe ver las cosas desde la perspectiva correcta: una perspectiva que mira atrás a lo que Jesús ya ha hecho. El apóstol Pablo oró por la iglesia:

> *... para que el Dios de nuestro Señor Jesucristo, el Padre de gloria, os dé espíritu de sabiduría y de revelación en el conocimiento de él, alumbrando los ojos de vuestro entendimiento,*

*para que sepáis cuál es la esperanza a que él os ha llamado, y cuáles las riquezas de la gloria de su herencia en los santos.*

(Efesios 1:17–18)

Necesitamos una revelación personal de lo que Jesús compró para nosotros en el Calvario, ¡y de la gloriosa herencia que es nuestra por medio de Jesucristo!

## La sanidad es el pan de los hijos

En Mateo 15 está la historia de una mujer de Canaán que acudió a Jesús porque quería sanidad y liberación para su hija, que era *"gravemente atormentada por un demonio"* (versículo 22). Entendamos esta historia. Esta mujer no era una columna en la iglesia ni estaba en pacto con Dios; era una "pagana". Jesús le respondió diciendo: *"No está bien tomar el pan de los hijos, y echarlo a los perrillos"* (versículo 26).

Quiero enfocarme en la frase *"el pan de los hijos"*, porque es importante para nuestro entendimiento de nuestra herencia en Jesucristo; sin embargo, también quiero destacar que esta mujer perseveró y sí recibió sanidad para su hija, aunque ella estaba fuera del pacto, debido a su fuerte fe en Jesús y lo que Él podía hacer por ella.

*Y ella dijo: Sí, Señor; pero aun los perrillos comen de las migajas que caen de la mesa de sus amos. Entonces respondiendo Jesús, dijo: Oh mujer, grande es tu fe; hágase contigo como quieres. Y su hija fue sanada desde aquella hora.*

(Mateo 15:27–28)

Los hijos de Dios son quienes están en pacto con Él. Notemos que Jesús se refirió a la sanidad como *"el pan de los hijos"*; en otras palabras, Él dijo que la sanidad pertenece a los hijos de Dios. El pacto con Dios fue puesto a disposición de todas las personas mediante el sacrificio de Jesucristo. ¿Entiende eso? ¡La sanidad le pertenece a usted!

La muerte de Jesús en la cruz fue una obra de sustitución (véase, por ejemplo, Romanos 5:8–10; 1 Tesalonicenses 5:9–10). Él ocupó nuestro lugar; Él pagó el precio por el pecado y también por la enfermedad. En la cruz, Dios Padre puso sobre Jesús todos los pecados del mundo. En el poste donde fue azotado, Dios Padre puso sobre Jesús toda la enfermedad del mundo. Eso significa que Jesús ya ha llevado la enfermedad que el diablo intenta poner sobre usted. ¡No la acepte!

Durante siete años, Margie sufrió hemorroides. A pesar de varias cirugías y visitas al médico, parecía que no podía mejorar; de hecho, su estado empeoró. Cuando ella oyó sobre la sanidad, comenzó a meditar en las promesas de Dios. Un día, mientras estaba meditando en Isaías 53:4 en su cocina, el Espíritu Santo iluminó para ella la palabra *"ciertamente"*: *"Ciertamente llevó él nuestras enfermedades, y sufrió nuestros dolores"*. Ella pensó: "Ciertamente significa ciertamente". Entonces dijo en voz alta: "Ciertamente significa ciertamente", y caminó por su cocina proclamando: ¡Ciertamente Jesús llevó mi enfermedad y sufrió mis dolores!". En ese momento, entendió que si Jesús había llevado su enfermedad por ella, entonces ella no debería soportarla. Se produjo un cambio en su cuerpo, ¡y fue sanada en ese mismo instante!

## El paquete completo

Cuando los médicos me dieron una sentencia de muerte, entendí que la ciencia médica no ofrecía ninguna esperanza, pero Jesús sí. Mientras escuchaba a los médicos decir que mi diagnóstico era incurable y terminal, entendí que Dios era el único que podía ofrecer esperanza y darme vida nueva. Descubrí por mí mismo las buenas nuevas sobre la salvación.

Mire, la salvación es un paquete completo, que incluye perdón y sanidad. Cuando Jesús caminó por la tierra, los fariseos se acostumbraron a

> **La salvación incluye perdón y sanidad.**

que Él sanara a personas, ¡pero se ofendían cuando Él afirmaba perdonar pecados! (véase, por ejemplo, Lucas 5:17–25).

En el Nuevo Testamento, la palabra griega *sozo* significa "salvar" o "sanar", y estos significados a veces se usan de modo intercambiable. ¿Recuerda el caso de la mujer que sufrió flujo de sangre crónico durante doce años y que tocó el borde del manto de Jesús para recibir sanidad? *"Pero Jesús, volviéndose y mirándola, dijo: Ten ánimo, hija; tu fe te ha salvado"* ["sanado", NIV, NTV] (Mateo 9:22). La palabra griega que se traduce como *"salvado"* es *sozo*.

Jesús predicó el evangelio de salvación espiritual y sanidad física. La iglesia primitiva predicó el mismo evangelio, y ese es el evangelio que somos llamados a predicar y a vivir hoy.

No podemos recibir lo que no nos han enseñado. Cuando enseñamos y predicamos salvación, la gente recibe salvación; cuando enseñamos y predicamos sanidad, la gente recibe sanidad.

Yo recibí a Jesús como mi Señor y Salvador a temprana edad; sin embargo, mientras estaba en la cama del hospital luchando por mi vida, acepté a Cristo como mi Sanador. Entendí que no trataba de ser sano tanto como *ya era sano*. Usted puede preguntarse: ¿cómo podía yo pensar que ya era sano cuando los médicos estaban prediciendo mi fallecimiento inmediato? Se debe a que sabía que la Palabra de Dios es verdad, y la verdad siempre triunfa sobre los hechos. Los hechos eran que me habían diagnosticado linfoma de Burkitt y que la ciencia médica no tenía cura; sin embargo, Dios dijo: *"por cuya herida* [de Jesús] *fuisteis sanados"* (1 Pedro 2:24). La Biblia dice que *fuimos* sanados, lo cual, repito, está en tiempo pasado. Si *fuimos sanados*, entonces *somos* sanados. Esa era la verdad de mi situación.

En el Salmo 103 se nos recuerda que no olvidemos los beneficios de nuestro pacto. David enumeró algunos de esos beneficios de la salvación:

> *Alaba, alma mía, al Señor; alabe todo mi ser su santo nombre. Alaba, alma mía, al Señor, y no olvides ninguno de sus beneficios. Él perdona todos tus pecados y sana todas tus dolencias; él rescata tu vida del sepulcro y te cubre de amor y compasión; él colma de bienes tu vida y te rejuvenece como a las águilas.* (versículos 1–5, NVI)

¡Esa es una lista asombrosa de beneficios! Y sin embargo, muchas personas han olvidado que Dios nos los dio. Nuestra sociedad se ha vuelto condicionada a aceptar la enfermedad. Mientras observaba a otros lidiar con el cáncer en el INS, los veía consumirse tanto con su enfermedad que sobrepasaba cualquier comprensión que tuvieran del paquete de beneficios de Dios.

Ahora que llevo en el ministerio más de veinte años, he aprendido algunos aspectos adicionales de la sanidad. Una gran parte del ministerio de sanidad es hablar a las personas para que se alejen de sus problemas. Muchos son ignorantes de lo que Jesús compró para ellos en la cruz; algunos, sin embargo, prefieren aferrarse a sus enfermedades que aceptar la sanidad. Puede que no quieran ejercitar la fe necesaria para que Dios los sane, puede que quieran que la gente siga sintiendo lástima de ellos debido a sus enfermedades, o puede que tengan alguna otra razón.

El mayor insulto que se puede hacer a Dios es desacreditar el sacrificio de su Hijo y rechazar la libertad que Él compró para nosotros. Jesús no sufrió por nosotros para que pudiéramos aferrarnos a la enfermedad. Le debemos a Dios hacer todo posible para recibir sus beneficios redentores. Si decidimos aceptar la enfermedad, entonces el sacrificio de Jesús fue en vano.

Si usted no desafía nada, no cambia nada. La sanidad le pertenece; es una bendición de la redención y un beneficio que se proporciona a cada creyente.

> *La sanidad le pertenece; es una bendición de la redención y un beneficio que se proporciona a cada creyente.*

Todo el evangelio gira en torno a la relación de pacto entre Dios y los seres humanos que Él creó, amó y redimió mediante su Hijo Jesucristo. El Nuevo Testamento revela el cumplimiento del plan de Dios de redención mediante el nuevo pacto.

Cuanto más entienda el poder y la autoridad que Dios le ha delegado mediante este pacto, menos probabilidad tendrá de vacilar en su fe para recibir sanidad.

## Un nuevo pacto maravilloso en Cristo

Puede que piense que usted no es digno de que Dios le sane y le proteja, pero ese es el modo de pensar del mundo. Eche un vistazo a lo que Dios dice sobre usted y yo:

> *Mas vosotros sois linaje escogido, real sacerdocio, nación santa, pueblo adquirido por Dios, para que anunciéis las virtudes de aquel que os llamó de las tinieblas a su luz admirable; vosotros que en otro tiempo no erais pueblo, pero que ahora sois pueblo de Dios; que en otro tiempo no habíais alcanzado misericordia, pero ahora habéis alcanzado misericordia.*
>
> (1 Pedro 2:9–10)

> *Jesucristo [es] el testigo fiel, el primogénito de los muertos, y el soberano de los reyes de la tierra. [Él] nos amó, y nos lavó*

*de nuestros pecados con su sangre, y nos hizo reyes y sacerdo-*
*tes para Dios, su Padre.*          (Apocalipsis 1:5–6)

Eso es lo que Dios dice que usted es, y todos los recursos del
cielo le respaldan para capacitarle para vivir en la realidad de su
nueva posición en Cristo. Lo único que tiene que hacer es creer.

## La Comunión libera bendiciones

Jesús habló sobre el nuevo pacto a sus discípulos la noche
antes de su crucifixión. Este pacto está simbolizado por la
Comunión, o mesa del Señor. Junto a ellos en la última cena,
Jesús dijo: *"He tenido muchísimos deseos de comer esta Pascua con
ustedes antes de padecer"* (Lucas 22:15, NVI).

*Y mientras comían, tomó Jesús el pan, y bendijo, y lo partió, y*
*dio a sus discípulos, y dijo: Tomad, comed; esto es mi cuerpo.*
*Y tomando la copa, y habiendo dado gracias, les dio, dicien-*
*do: Bebed de ella todos; porque esto es mi sangre del nuevo*
*pacto, que por muchos es derramada para remisión de los*
*pecados.*          (Mateo 26:26–28)

*Asimismo tomó también la copa, después de haber cenado,*
*diciendo: Esta copa es el nuevo pacto en mi sangre; haced esto*
*todas las veces que la bebiereis, en memoria de mí.*
                                              (1 Corintios 11:25)

Yo creo que el acto de tomar la Comunión en fe no es solamente un ritual; nos conecta con nuestro pacto con Dios por
medio de Jesucristo y libera fortaleza espiritual y las bendiciones de Dios en nuestras vidas, y por eso yo tomaba la Comunión
regularmente en el hospital. Pablo enseñó a la iglesia en Corinto
a observar la mesa del Señor (véase 1 Corintios 11:23-26);
sin embargo, les dijo que muchos estaban débiles, enfermos y

muriendo prematuramente porque no estaban poniendo su fe en *"el cuerpo del Señor"* (versículo 29) para renovación espiritual y sanidad durante la Comunión, sino que aparentemente se apresuraban egoístamente a comer tanto como pudieran antes de que otros llegaran. Pablo también dijo que debemos "juzgarnos a nosotros mismos" antes de tomar la comunión. Deberíamos examinar nuestro corazón para ver si estamos albergando alguna falta de perdón o tenemos otros pecados en nuestra vida de los que necesitemos arrepentirnos y pedir perdón.

> *Por lo tanto, cualquiera que coma el pan o beba de la copa del Señor de manera indigna, será culpable de pecar contra el cuerpo y la sangre del Señor. Así que cada uno debe examinarse a sí mismo antes de comer el pan y beber de la copa. Porque el que come y bebe sin discernir el cuerpo, come y bebe su propia condena. Por eso hay entre ustedes muchos débiles y enfermos, e incluso varios han muerto. Si nos examináramos a nosotros mismos, no se nos juzgaría; pero si nos juzga el Señor, nos disciplina para que no seamos condenados con el mundo. Así que, hermanos míos, cuando se reúnan para comer, espérense unos a otros. Si alguno tiene hambre, que coma en su casa, para que las reuniones de ustedes no resulten dignas de condenación.*
>
> (1 Corintios 11:27–34, NVI)

La Comunión debería ser un tiempo para reflexionar con reverencia en la obra expiatoria de Cristo en la cruz por nosotros y buscar al Señor respecto a cualquier cosa que necesitemos en nuestras vidas, incluida la sanidad. ¿Y si en lugar de desplegar sus listas semanales de personas por las que orar y que están enfermas, las iglesias en la actualidad comenzaran a realizar servicios de Comunión y sanidad, liberando bendiciones a sus congregaciones?

El pastor John era un sacerdote episcopal que se estaba muriendo de cáncer y a quien habían dado seis meses de vida. Cuando vio que podía recibir sanidad mediante la Comunión, comenzó a tomar el sacramento diariamente. Meses después, ¡me llamó para decirme que estaba sano!

Mi esposa, Beth, fue a un dermatólogo porque tenía una mancha oscura del tamaño de un cuarto en el pie. El médico intentó rasparla; estaba muy preocupado y le dijo que tendrían que hacerle más análisis. Aquella noche tomamos la Comunión; días después, ¡la mancha ya no estaba!

Puede tomar la Comunión usted solo en su casa; no tiene que esperar a un sacerdote o un ministro. Puede tomarla diariamente; de hecho, cuanto más frecuentemente la tome, más real se vuelve para usted y más poder es liberado en su vida. Tomar la Comunión es una manera en que nos apropiamos de lo que nos pertenece. Cuando ponemos nuestra fe en la obra terminada de Jesús, recibimos los beneficios de esa obra. Recibimos perdón y sanidad.

CAPÍTULO 11

# Paso Cinco: Escuche y obedezca

*"El espíritu humano es la lámpara del Señor,*
*pues escudriña lo más recóndito del ser".*
—Proverbios 20:27 (NVI)

**C**ada persona es única, y cada situación es diferente; sin embargo, la sanidad siempre comienza en el interior: en nuestros corazones. Con nuestros corazones recibimos de Dios. Las cosas suceden primero en el interior, y después se manifiestan en el exterior. Es similar al proceso de la salvación: *"Porque con el corazón se cree para justicia, pero con la boca se confiesa para salvación"* (Romanos 10:10).

Cuando clamé por primera vez al Señor por sanidad, le dije que si Él me sanaba, yo haría cualquier cosa que Él quisiera. Oí una voz en mi interior que me dijo: *Hijo, yo soy tu Sanador, y te manifestaré sanidad a medida que des los pasos que yo te diga que des. Pasarás por el fuego y no te quemarás.*

Fue entonces cuando entendí que yo tenía una parte que desempeñar en mi sanidad.

## Dios hace una parte, y nosotros hacemos una parte

Algunas personas ponen toda la responsabilidad de la sanidad sobre Dios; pero como con cualquier milagro, siempre hay una parte que Dios hace y una parte que el hombre hace. En el ministerio de Jesús, Él con frecuencia decía a las personas pasos que dar con respecto a su sanidad. Él dijo a los diez leprosos que fueran y se presentaran ante los sacerdotes (véase Lucas

17:11–14). Le dijo al ciego que fuera a lavarse en el estanque de Siloé (véase Juan 9:1–7). Le dijo al hombre que tenía la mano seca que estirara la mano (véase, por ejemplo, Mateo 12:9–13). La obediencia de ellos se convirtió en un catalizador para liberar lo milagroso.

Su capacidad de escuchar a su corazón y ser guiado por el Espíritu Santo es una clave vital para recibir de Dios. Al igual que con quienes fueron sanados en la Biblia, su obediencia es un catalizador para liberar lo milagroso en su vida.

Jesús hizo su primer milagro en una boda cuando la familia se quedó sin vino. Su madre, María, dijo a los sirvientes: "Todo lo que Él les diga que hagan, háganlo" (véase Juan 2:1–11). De modo similar, la clave para cualquier milagro es seguir estas sencillas instrucciones: "Todo lo que Él les diga que hagan, háganlo".

## La dirección y guía del Espíritu Santo

¿Cómo hacemos todo lo que Dios nos dice que hagamos? El Espíritu Santo es nuestro Ayudador, y ha sido enviado para dirigirnos y guiarnos (véase, por ejemplo, Juan 14:26; 16:13). Con frecuencia he oído decir al reverendo Keith Moore: "Si mira usted al Espíritu Santo, Él le llevará de la enfermedad a la salud, de la derrota a la victoria, cada vez".

El Espíritu Santo es una Persona real. Cuando usted se rinde a Él y se apoya en la fortaleza de Él, puede volverse más real para usted que la ropa que lleva puesta, el auto que conduce y la casa donde vive.

Incontables veces el Espíritu Santo nos ha guiado a mi familia y a mí en el ministerio, en los negocios, y en nuestras vidas personales. En la universidad, me lesioné la parte baja de la espalda y la cadera derecha. Fui a un quiropráctico, y me realizaron tratamientos con calor para aliviar el dolor. Un día, cuando comencé a buscar al Señor al respecto, el Espíritu Santo me mostró un cuadro espiritual de mi asistencia a un servicio de sanidad y que cierto ministro de sanidad orase por mí. Después busqué el itinerario del ministerio y descubrí que ese ministro en particular estaría cerca de donde yo vivía en menos de dos meses. Entonces, el Espíritu Santo me dijo: *Abre tu Biblia, busca versículos de sanidad que cubran tu caso, y medita en esos versículos hasta que llegue el momento de que asistas al servicio y recibas oración para ser sanado.*

Yo obedecí esas instrucciones. Mis amigos de la universidad me habían visto sufrir y batallar con el dolor durante semanas, y yo les dije que iba a ir a un servicio de sanidad y que regresaría totalmente sano. Semanas después, cuando asistí a ese servicio fui sanado instantáneamente. Qué testimonio fue para mis amigos cuando regresé a la universidad.

Un pastor había estado sufriendo migrañas y no parecía poder librarse de ellas, así que pasó tiempo orando en el Espíritu. Un día, el Espíritu Santo le dijo que tomaba demasiado café y que si recortaba su consumo, sus dolores de cabeza cesarían. Él lo hizo, y así sucedió. ¡Gracias a Dios por el Espíritu Santo!

No hay dos situaciones iguales, pero el Espíritu Santo conoce la clave para cada una de ellas. Él ve lo que puede que no aparezca en unos rayos-X. No importa si la causa es natural, espiritual o química; el Espíritu Santo ve, conoce, y tiene la solución, y lo único que nosotros tenemos que hacer es oír de parte de Él.

Algunas personas intentan llegar a fórmulas para recibir sanidad. Por ejemplo, puede que digan que cada enfermedad tiene una raíz concreta; la Biblia, sin embargo, no nos dice que nos enfoquemos en las raíces, sino más bien nos dirige a poner el énfasis en la dirección y la guía del Espíritu Santo. Jesús trató la enfermedad mediante el poder del Espíritu Santo, y nosotros deberíamos tratar la enfermedad de la misma manera.

Una razón por la cual las personas son atacadas con enfermedad es sencillamente que vivimos en un universo pervertido por el pecado; la enfermedad y la muerte obran en este mundo, y por eso debemos resistirlos. Como cristianos, no somos inmunes a los problemas, pero siempre podemos ser victoriosos sobre ellos.

En Cristo, estamos bajo una nueva ley espiritual. La Biblia dice que la ley del Espíritu de vida nos ha liberado de la ley del pecado y de la muerte (véase Romanos 8:2).

## Tome tiempo para oír la voz de Dios

*Porque todos los que son guiados por el Espíritu de Dios, éstos son hijos de Dios.* (Romanos 8:14)

Si está teniendo dificultad para oír la voz de Dios, tome tiempo para estar a solas con Él. En la iglesia primitiva, las personas ministraban al Señor, y entonces el Espíritu Santo les ministraba a ellos. El Espíritu Santo les daba la sabiduría y la enseñanza que necesitaban.

*Ministrando éstos al Señor, y ayunando, dijo el Espíritu Santo...* (Hechos 13:2)

"Ministrando al Señor" significa pasando tiempo en su presencia. Cuando usted pasa tiempo con el Señor, dígale lo mucho que lo ama, dándole gracias por todas las cosas que Él ha hecho por usted y exaltándolo por quién es Él.

Cuando ministre usted al Señor, el Señor tendrá algo que decir; Él le dirigirá y le guiará mediante su Espíritu. No tiene que tener temor o preocupación acerca de su situación porque Dios le dará dirección y *"os hará saber las cosas que habrán de venir"* (Juan 16:13).

¿Cómo nos guía el Espíritu Santo?

Él nos guía a abrir la Biblia para que pueda revelarnos la verdad mediante su Palabra escrita; también nos dirige mediante el *"suave murmullo"* de su voz (1 Reyes 19:12, NVI), o la voz interior, y la voz de nuestra conciencia. Él nos guiará mediante "el testimonio interior" en nuestro corazón, que es como una luz verde o luz roja en el interior. Es un suave impulso o paz que asegura que algo es correcto que lo hagamos o que es correcto que no emprendamos cierta acción; de igual modo, es un impulso o una falta de paz sobre algo que no debemos hacer o algo que hemos de hacer pero no lo hemos hecho.

## Obedezca lo que Él le diga

### Ofrezca perdón

Puede que recuerde que el primer paso que el Señor me mostró con respecto a mi sanidad fue abordar la falta de perdón que yo tenía. Cuando lo confesé y lo traté, pareció como me hubieran quitado una inmensa carga de los hombros. Cuando perdoné, mis riñones comenzaron a funcionar de nuevo.

Albergar falta de perdón y ofensa en su corazón es un pecado, y ese pecado bloqueará su sanidad del modo en que bloqueó la mía hasta que el Señor me lo reveló. Quizá uno de los versículos más aleccionadores con respecto al perdón se encuentra en Marcos 11:25: *"Y cuando estén orando, si tienen algo contra alguien, perdónenlo, para que también su Padre que está en el cielo les perdone a ustedes sus pecados"* (NVI).

### Pida al Espíritu Santo que le revele cualquier obstáculo

Si quiere que su fe funcione, debe caminar continuamente en una relación de amor con otros y permanecer en comunión con Dios. Pida al Espíritu Santo que revele cualquier cosa que pudiera ser un obstáculo. Arrepiéntase de cualquier pecado, y ponga su corazón en paz con Dios.

A veces, las personas aún no han recibido su sanidad porque están errando el blanco de alguna manera. Quizá tiene que ver con no pasar tiempo con el Señor o no hacer algo que Él les indicó que hicieran. He visto a personas sanadas cuando fueron dirigidas a enmendar un mal, o a diezmar, o a dar. En mi caso, el segundo paso que el Señor me mostró con respecto a mi sanidad fue diezmar. El diezmo, dar el diez por ciento de nuestros ingresos a la obra del Señor, nos conecta con nuestro pacto y permite que la bendición de Dios fluya en nuestra vida (véase, por ejemplo, Malaquías 3:8–11).

## *Hacer cambios*

Se ha demostrado que muchos de quienes sobreviven a enfermedades graves y que ponen en riesgo la vida son quienes están dispuestos a hacer cambios en el estilo de vida. Podrían ser cambios naturales o cambios espirituales. A veces, las personas necesitan hacer alteraciones en la dieta o hacer ejercicio.

> *Se ha demostrado que muchos de quienes sobreviven a enfermedades graves y que ponen en riesgo la vida son quienes están dispuestos a hacer cambios en el estilo de vida.*

Con frecuencia, el Espíritu Santo nos ha estado impulsando a hacer algo diferente, pero nos hemos resistido a su dirección. Él nos recordará cosas sobre las que nos ha hablado antes. El modo en que Dios le dirija con respecto al cambio puede parecer irrelevante para lo que está usted atravesando, pero no permita que eso le detenga. Haga cualquier cosa que Él le diga.

Cuando yo estaba en el hospital, estaba a varias horas de distancia de casa, en una ciudad y un estado distintos. Nuestra familia no tenía amigos de la iglesia o personas que nos llamaban todo el tiempo para alentarnos. Estábamos apartados de las comodidades naturales del hogar, pero fue entonces cuando aprendimos a confiar en el Espíritu Santo: el Mayor que vive en nuestro interior. Cada día acudíamos a Él para que nos guiara y fortaleciera. Él era nuestro Ayudador y Compañero constante.

El Espíritu Santo conoce la clave de su situación, y Él tiene un plan y una estrategia para llevarle de la enfermedad a la sanidad. Si no está seguro de qué hacer, pida a Dios sabiduría.

*Y si alguno de vosotros tiene falta de sabiduría, pídala a Dios, el cual da a todos abundantemente y sin reproche, y le será dada.* (Santiago 1:5)

¡Espere que Él le muestre qué pasos dar! Su obediencia será un catalizador para liberar las bendiciones de Dios.

De igual manera, al tomar decisiones con respecto a tratamientos y procedimientos, siga la guía interior del Espíritu Santo. Puede que tenga que procesar información y circunstancias mediante su intelecto, pero al final, siga su corazón. Tome tiempo para estar a solas con Dios; aquiete su mente y siga la paz que Él le dé. Entonces, saldrá con gozo y será guiado en paz (véase Isaías 55:12).

# CAPÍTULO 12

# Paso Seis: Gane la batalla

*"Porque nuestra lucha no es contra seres humanos,*
*sino contra poderes, contra autoridades,*
*contra potestades que dominan este mundo*
*de tinieblas, contra fuerzas espirituales malignas en*
*las regiones celestiales".*
—Efesios 6:12 (NVI)

En el Nuevo Testamento se nos recuerda con frecuencia la batalla espiritual que estamos librando. Se nos dice que nos pongamos *"toda la armadura de Dios"* (Efesios 6:13), *"pelea la buena batalla de la fe"* (1 Timoteo 6:12), y que resistamos al enemigo (véase Santiago 4:7; 1 Pedro 5:8–9). En cualquier guerra, es importante conocer al enemigo. Nuestro enemigo, Satanás, es *"el dios de este siglo"* (2 Corintios 4:4). Él viene para robar, matar y destruir (véase Juan 10:10), e intenta evitar que la Palabra de Dios sea sembrada en su corazón (véase Mateo 13:19; Lucas 8:11–12). Cuando usted se enfrenta a un ataque físico, las principales maneras en que él intenta sabotear su fe son mediante temor, distracciones y desaliento.

## Cuatro cosas que saber sobre su batalla

Muchas veces, las personas no saben si Dios o el diablo está detrás de las cosas negativas que suceden en sus vidas, y eso se debe a que no conocen la verdadera naturaleza de amor y bondad de Dios o la certeza de Satanás y su obra maligna en este mundo.

A menudo, las personas dicen sobre sus enfermedades: "Dios está en control"; pero Dios no es el autor ni es el responsable de las cosas malas que suceden aquí en la tierra. John Alexander Dowie dijo: "La enfermedad [es] el repugnante fruto de su padre, Satanás, y de su madre, el

> **El modo de invalidar la obra de Satanás es orar al Padre celestial en fe y declarar la Palabra de Dios en fe.**

Pecado".[2] Cuando Adán pecó después de escuchar las mentiras de Satanás, la enfermedad y la muerte entraron en el mundo.

Hay cuatro cosas que necesita saber sobre su batalla contra la enfermedad:

1. Tiene un enemigo. *"Sed sobrios, y velad; porque vuestro adversario el diablo, como león rugiente, anda alrededor buscando a quien devorar"* (1 Pedro 5:8).
2. Está en una batalla espiritual. *"Pues aunque andamos en la carne, no militamos según la carne; porque las armas de nuestra milicia no son carnales, sino poderosas en Dios para la destrucción de fortalezas"* (2 Corintios 10:3-4).
3. Satanás tiene un plan. *"El ladrón no viene sino para hurtar y matar y destruir"* (Juan 10:10).
4. Dios tiene un plan mayor por medio de Jesucristo. *"Yo he venido para que tengan vida, y para que la tengan en abundancia"* (Juan 10:10).

Mediante el Padrenuestro, Jesús enseñó a orar a sus discípulos. Les indicó que orasen: *"Hágase tu voluntad, como en el cielo, así también en la tierra"* (Mateo 6:10; Lucas 11:2). Si Dios está "en control" en el sentido de que todo lo que sucede debería ser

2. Charles A. Jennings, comp., "Life & Ministry of John Alexander Dowie," www.truthin-history.org/life-ministry-of-john-alexander-dowie.html.

aceptado, ¿por qué les dijo Jesús que orasen de esa manera? Se debe a que la voluntad de Dios no se está haciendo en la tierra. Satanás es el dios de este mundo, y el modo de invalidar la obra de Satanás es orar al Padre celestial en fe y declarar la Palabra de Dios en fe. Dios quiere que colaboremos con Él para extender su reino y su voluntad en la tierra.

## Sustituir el temor por fe

Cualquiera que alguna vez haya recibido un mal diagnóstico ha tenido que tratar el temor. El enemigo intentará paralizarlo con temor. Durante los quince primeros días de mi hospitalización, no batallé contra el cáncer tanto como lo hice contra el temor.

Para contrarrestar el sabotaje de su fe por parte del enemigo, y por lo tanto su sanidad, primero tendrá que reprender el temor. Hay veces en que debe ejercitar su autoridad espiritual sobre el enemigo. Puede que necesite decirle a Satanás que quite sus manos de su cuerpo; sin embargo, no pase la mayor parte de su tiempo dando atención al diablo, sino más bien ponga mayor atención en la verdad de la Palabra de Dios, porque la verdad es lo que le hará libre (véase Juan 8:32).

La Biblia dice: *"Porque no nos ha dado Dios espíritu de cobardía, sino de poder, de amor y de dominio propio"* (2 Timoteo 1:7). El temor es una puerta abierta para que el enemigo obre; es como un imán que atrae cosas malas a nuestra vida. El temor también trae tormento (véase 1 Juan 4:18).

Durante los quince días que batallé contra el temor, no quería quedarme dormido. Pensamientos de temor bombardeaban mi mente. *Tienes cáncer. Tienes una enfermedad incurable. No vas a vivir mucho más tiempo.* No solo eso, sino que también mi cuerpo físico parecía estar de acuerdo. Sufría un intenso dolor mientras el tumor crecía hora tras hora. Las enfermeras usaban una cinta de medir para supervisar el crecimiento del tumor en mi abdomen. Una y otra vez, el enemigo descargaba en mi mente escenas de mi propio funeral. Yo sabía que si no conquistaba el temor, nunca conquistaría el cáncer.

Cuando llega el temor, puede usted acurrucarse en posición fetal y hacerse el muerto, pero debe combatir el temor con palabras. Pese a cómo se sienta, debe abrir su boca y declarar palabras llenas de fe. En la noche, en particular, el temor intentaba abrumarme; no dejaba de dar vueltas en mi cama, sin poder encontrar descanso, y finalmente me incorporaba, encendía la luz, y recitaba promesas de sanidad.

"Temor, te resisto en el nombre de Jesús", decía yo. "Dios no me ha dado un espíritu de cobardía sino de poder, amor y dominio propio. La Palabra de Dios dice que soy sanado, así que soy sanado. Viviré y no moriré, y declararé las obras del Señor. Por las llagas de Jesús fui sanado, y si *fui* sanado, entonces *soy* sanado".

> *Solo porque usted batalle con pensamientos ocasionales de duda o temor no significa que no esté en fe.*

Decía esas verdades hasta que la paz de Dios se asentaba en mi mente y mi corazón.

> *¡Tú guardarás en perfecta paz a todos los que confían en ti; a todos los que concentran en ti sus pensamientos!*
>
> (Isaías 26:3, NTV)

Solo porque usted batalle con pensamientos ocasionales de duda o temor no significa que no esté en fe. El reverendo Kenneth E. Hagin solía decir: "Solo porque las aves vuelen por encima de su cabeza no significa que tenga que dejarles anidar en su cabello". Debe resistir esos pensamientos, y huirán de usted (véase Santiago 4:7).

## Sustituir las distracciones con un enfoque en la Palabra de Dios

*Las palabras positivas anulan los pensamientos negativos*

Pelear la buena batalla de la fe implica mantenerse enfocado en la Palabra de Dios y no distraerse. Las distracciones son una herramienta del enemigo para desviarle del camino.

En una ocasión ministré a un hombre a quien habían diagnosticado cáncer de pulmón y le habían dado seis meses de vida. Él tenía solo cuarenta años de edad, y dijo: "No quiero que mi vida social cambie para pasar tiempo en la Escritura todo el día". Las dos veces que fui a visitarlo en su casa, me di cuenta de que había puesto su vida social por delante de su sanidad. Había tantas personas que iban a su casa a visitarlo que fue inútil intentar ministrarle la Palabra de Dios. Él no apartaba tiempo para eso.

Su vida irá en la dirección de sus pensamientos más dominantes. Si le bombardean pensamientos negativos, interrúmpalos declarando palabras positivas, pues las palabras dominan los pensamientos. Cuando Jesús era tentado por Satanás en el desierto, resistió diciendo: *"Escrito está..."* (véase, por ejemplo, Mateo 4:4, 7, 10).

> **Su vida irá en la dirección de sus pensamientos más dominantes.**

¿Qué tipos de pensamientos está teniendo? La verdadera batalla por su vida se libra en su mente. La Biblia nos dice que debemos derribar y llevar cautivo todo pensamiento que no esté de acuerdo con la Palabra de Dios.

*Derribando argumentos y toda altivez que se levanta contra el conocimiento de Dios, y llevando cautivo todo pensamiento a la obediencia a Cristo.*                    (2 Corintios 10:5)

Nunca permita que una imagen mental de fracaso permanezca en su mente. Fije su mente en la respuesta en lugar de hacerlo en el problema. Satanás puede moverse en el ámbito de la sugestión; no todo pensamiento, sentimiento, sueño o imaginación viene de Dios. Satanás puede insertar un pensamiento o una idea; cualquier cosa que no le edifique o le produzca paz proviene del diablo y necesita ser derribada y sustituida por la verdad.

La historia en la Biblia de Jairo, un gobernador de la sinagoga, es un buen ejemplo. La hija de Jairo estaba a punto de morir cuando él pidió a Jesús que la sanara. Cuando llegó la noticia desde la casa de Jairo de que su hija ya había muerto, Jesús dijo: "No temas, cree solamente" (Marcos 5:36; Lucas 8:50). Jesús no quería que permaneciera una imagen mental de fracaso en la mente de Jairo.

Dude de sus dudas y alimente su fe.

### La persistencia da resultados

Oí una definición de *persistir* que es muy apropiada para ganar su batalla: "aplicar presión constante, continua, implacable, hasta que se rompa toda la resistencia y se obtenga el resultado deseado".

La persistencia da resultados. Debe ser usted más persistente con la Palabra de Dios de lo que es el enemigo al bombardearle con pensamientos de derrota y fracaso.

Investigadores médicos estudiaron las cualidades de pacientes que experimentaron una curación espontánea, y la primera cualidad de quienes vencieron los pronósticos era que se negaron a tomar un no por respuesta. Se negaron a abandonar. Tomaron la iniciativa para su sanidad.

De modo similar, en el ministerio de Jesús, quienes recibieron sanidad fueron quienes eran persistentes. Cuatro hombres llevaron a un amigo paralítico sobre una camilla a una reunión en una casa donde Jesús estaba enseñando. La casa estaba llena de personas, de modo que no había espacio para entrar, y aun así esos hombres persistieron y bajaron a su amigo por el tejado hasta la habitación. Jesús sanó al hombre. *"Al ver Jesús la fe de ellos, dijo al paralítico: Hijo, tus pecados te son perdonados... A ti te digo: Levántate, toma tu lecho, y vete a tu casa"* (Marcos 2:5, 11). Vemos ese mismo tipo de persistencia en los dos ciegos (véase Mateo 9:27–30; 20:30–34), en el ciego Bartimeo (véase Marcos 10:46–52), y en la mujer que tenía flujo de sangre crónico (véase, por ejemplo, Lucas 8:43–48). Cada uno de ellos fue sanado.

*No tenga una idea predeterminada de cómo cree que se manifestará su sanidad.*

He sido testigo de incontables personas que se han negado a recibir ministerio cuando el poder de Dios estaba presente para sanar. Dijeron que no necesitaban recibir ministerio porque ya sabían cómo se manifestaría su sanidad. Eso es una trampa. Años después, la mayoría de ellos siguen lidiando con la enfermedad.

¿Recuerda la historia de Naamán el leproso? Llegó desde Siria hasta la casa del profeta Eliseo, solo para que el sirviente de Eliseo saliera a la puerta y le dijera que fuera a lavarse en el río Jordán siete veces. Naamán casi perdió su sanidad porque estaba seguro de cómo se produciría. Dijo: *"¡Yo creí que el profeta saldría a recibirme personalmente para invocar el nombre del Señor su Dios, y que con un movimiento de la mano me sanaría de la lepra!"* (2 Reyes 5:11, NVI). Cuando aceptó el mensaje del profeta e hizo lo que Eliseo le dijo que hiciera, fue sanado.

*No ponga fechas límite.*

No puede situar su fe en marcos de tiempo; ponga su fe solamente en la Palabra de Dios. El enemigo intentará sabotear su fe utilizando el tiempo contra usted. Su fe está arraigada en la Palabra de Dios, y usted está en ello a la larga si eso es lo necesario.

*Crea lo que Dios dice por encima de todo lo que otros digan.*

El poder de Dios es liberado a quienes creen su Palabra por encima de cualquier otra cosa. No considere el informe del médico sobre cómo se siente o se ve su cuerpo. La Palabra de Dios es su única respuesta, y debe ser su respuesta final.

*Mantenga fuerte su espíritu.*

Proverbios 18:14 dice: *"El ánimo del hombre soportará su enfermedad; mas ¿quién soportará al ánimo angustiado?".* Mantenga fuerte su espíritu alimentándolo con la Palabra de Dios y ejercitándolo mediante la oración, la alabanza y orar en el Espíritu (véase Efesios 6:18).

## Sustituir el desaliento por fortaleza de Dios

Si ha permanecido en oración durante algún tiempo, probablemente se haya enfrentado al desaliento. El desaliento es una táctica del enemigo para hacer que usted se dé por vencido y abandone. El desaliento llega cuando las cosas no se manifiestan del modo en que usted pensaba que lo harían o tan rápidamente como usted pensaba que sucederían. *"La esperanza que se demora es tormento del corazón; pero árbol de vida es el deseo cumplido"* (Proverbios 13:12).

La estrategia del enemigo es agotarle y desalentarle; espera desalentar su fe, y utiliza el paso del tiempo para susurrar que quizá no sea voluntad de Dios sanarle. Lo utiliza para decirle que no tiene usted fe suficiente, pero eso son mentiras y trampas del enemigo. No se permita caer en ellas.

Durante meses en el hospital batallé contra el temor, infecciones, fatiga y agotamiento. En una de esas batallas sufrí no solo infección, sino también un sistema inmunológico en peligro y una fiebre muy alta. Los médicos pensaban que la cándida llegaría hasta mi corazón y que estaría muerto en pocas horas. Sentía que mi cuerpo ardía. Para reducir el riesgo de que me subiera aún más la fiebre, las enfermeras me frotaban la piel con aceite. La intensa batalla duró noche y día durante tres semanas, y yo sentía que mi fe estaba siendo probada más allá de sus límites. Al final, me sentí como un luchador profesional que había aguantado la pelea de su vida y seguía en pie en el round final.

Le dije al diablo que iba a lamentar haberme atacado; le dije que cuando saliera del hospital, viajaría por todo el mundo hablando a otros de la bondad de Dios y del conocimiento salvador de Jesucristo. Recordé las palabras *rhema* que había recibido, palabras específicas que el Espíritu Santo me había hablado, y pasé tiempo orando en el Espíritu, lo cual me edificó y me dio nuevas fuerzas. Entonces, afronté mi siguiente batalla con fortaleza y visión renovadas.

## ¡No abandone!

La Biblia nos dice: "*No sean perezosos; más bien, imiten a quienes por su fe y paciencia heredan las promesas*" (Hebreos 6:12, NVI). La palabra griega traducida como "*paciencia*" también podría traducirse como *perseverancia*. La fe es persistente; es tenaz.

En un capítulo anterior mencioné brevemente a la mujer cananea que acudió a Jesús pidiendo que sanara y liberara a su hija poseída por un demonio (véase Mateo 15:22–28). La Escritura dice que cuando ella acudió a Él y clamó pidiendo misericordia, *"Jesús no le respondió palabra"* (versículo 23).

¿Alguna vez ha orado y ha sentido como si Dios no estuviera escuchando o respondiendo su oración? Si esa situación, en la cual Jesús no respondió enseguida la petición de la mujer, sucediera hoy, muchas personas dirían: "Bueno, supongo que no es voluntad de Dios que su hija sea sanada". Estarían equivocados, porque la voluntad de Dios no tiene nada que ver con ello.

¿Qué hizo la mujer? No se ofendió, y no se dio por vencida; se negó a abandonar; perseveró; fue persistente. Al final, Jesús sanó a su hija. *"Oh mujer, grande es tu fe; hágase contigo como quieres. Y su hija fue sanada desde aquella hora"* (versículo 28). Se necesita una fe terca y una persistencia absoluta para obtener las promesas de Dios.

> *La fe se niega a abandonar. No abandone. No tire la toalla, porque Dios le guiará.*

Estamos en una batalla espiritual y, para ganar, debemos utilizar la Palabra de Dios. Debemos agarrar nuestras armas espirituales, y debemos ser más persistentes que el enemigo. He visto suceder algunos de los mayores milagros en el último momento cuando las cosas parecían sin esperanza. Un hombre dijo: "Diablo, bien podrías abandonar, ¡porque yo no planeo hacerlo!".

La fe se niega a abandonar. No abandone. No tire la toalla, porque Dios le guiará. Como dijo famosamente Winston Churchill: "Nunca, nunca, nunca abandone".

# Capítulo 13

# Paso Siete:
# Cree una atmósfera para Dios

*"Los que viven al amparo del Altísimo*
*encontrarán descanso a la sombra del Todopoderoso".*
—Salmos 91:1 (NTV)

Cualquier atmósfera que usted cree determinará lo que sea manifiesto en su vida. Puede crear una atmósfera para que Dios se mueva; o puede crear una atmósfera en la que reine el enemigo. Por ejemplo, si permite que su hogar esté lleno de negatividad, discordia y opresión, será difícil permanecer en fe, así que debe aprender a contrarrestar tales influencias cuando salgan contra usted.

Puede que recuerde la película *Campo de Sueños*. Es la historia de un granjero del maíz de Iowa que oyó una voz en su campo de maíz que decía: "Si lo construyes, llegará". Él interpretó el mensaje como una instrucción de construir un campo de beisbol en su granja. A pesar de sus recelos y dudas, construyó el campo; y llegaron los jugadores de beisbol.

Si usted construye una atmósfera para que Dios se mueva, Él llegará.

El piso trece del hospital INS estaba lleno de quienes tenían enfermedades incurables y terminales. Enfermedad, temor, desesperanza y desesperación inundaban la atmósfera mientras los pacientes de cáncer intentaban sobrevivir a los tratamientos letales y sus efectos secundarios. La noticia corría rápidamente cuando moría alguno de nuestros colegas, y todas las enfermeras estaban deseosas de hablarnos de ello. Esa noticia siempre dejaba un tono incluso más aleccionador en una planta llena de muerte.

Durante mi difícil situación, mi madre leía el Salmo 91 en voz alta varias veces al día. Como muchas promesas en la Biblia, comienza con una condición:

> *El que habita al abrigo del Altísimo morará bajo la sombra del Omnipotente.* (Salmos 91:1)

Y termina con una promesa:

> *Por cuanto en mí ha puesto su amor, yo también lo libraré; le pondré en alto, por cuanto ha conocido mi nombre. Me invocará, y yo le responderé; con él estaré yo en la angustia; lo libraré y le glorificaré. Lo saciaré de larga vida, y le mostraré mi salvación.* (versículos 14–16)

## El lugar secreto

Hay un "lugar secreto" donde Dios habita. Nosotros buscamos habitar y permanecer en ese lugar, y crear la atmósfera para que Él habitara. Cuando mis amigos morían, el enemigo intentaba llenar nuestras mentes de duda y nuestros corazones de dolor, pero yo luchaba declarando: "Caerán a tu lado mil, y diez mil a tu diestra; mas a ti no llegará" (Salmos 91:7).

Desde un principio establecimos parámetros, y éramos muy selectivos con lo que declarábamos y cómo pasábamos el tiempo. Sabíamos que estábamos en una batalla y que cada momento significaba la diferencia entre la vida y la muerte. No veíamos televisión como hacían otros pacientes y sus familias; durante meses, no fuimos conscientes de nada de que lo que ocurría en el mundo exterior. Como soldados en el campo de batalla, estábamos inmersos en guerra espiritual cada día. Teníamos buenos amigos a los que llamábamos en ocasiones, pero sabíamos que nadie más podría entender la intensidad de nuestra batalla. En lugar de ver televisión, pasábamos tiempo leyendo la Escritura; escuchábamos la Biblia en audio durante todo el día, y pedíamos a las enfermeras que entraran y dieran la vuelta a las cintas en la noche.

En otras palabras, convertimos la habitación del hospital en un santuario para que Dios habitara; manteníamos la atmósfera cargada de alabanza.

*Regocíjense los santos por su gloria, y canten aun sobre sus camas. Exalten a Dios con sus gargantas, y espadas de dos filos en sus manos.* (Salmos 149:5–6)

> ## La alabanza trae a escena la presencia de Dios. ¡La alabanza hace que se rompan cadenas y caigan muros!

Pasábamos tiempo adorando al Señor y descubrimos el increíble poder de la alabanza. Dios habita en las alabanzas de su pueblo (véase Salmos 22:3). La alabanza trae a escena la presencia de Dios. Cuando Pablo y Silas estaban en la cárcel, decidieron cantar alabanzas, y al cambiar la atmósfera cambiaron sus circunstancias (véase Hechos 16:22–34). ¡La alabanza hace que se rompan cadenas y caigan muros! Y la alabanza paraliza al enemigo (véase Salmos 8:2).

Nuestros amigos, los Koester, llegaron un día al hospital con su guitarra, y cantamos canciones juntos y jugamos baloncesto con una pequeña red. Nos encantaba, y también a otros en el hospital les encantaba porque disipaba la atmósfera de tristeza y pesimismo.

La música de alabanza levantará su espíritu. Si no sabe qué cantar, abra su Biblia en el libro de Salmos; encuentre la letra en un salmo y comience a formar una melodía y cantar al Señor. El Salmo 136, por ejemplo, es un salmo en el que Israel alabó a Dios por su poder, su misericordia y sus victorias.

La mayoría de personas no entienden lo poderosa que es la alabanza en nuestro arsenal de armas. El enemigo quiere cargarle con su basura, ¡pero usted puede emprender su camino hacia la libertad alabando!

Hubo veces en que yo no tenía ganas de alabar al Señor, pero lo hacía por fe.

*Manto de alegría en lugar del espíritu angustiado.*

(Isaías 61:3)

Hay una historia de una mujer que se fue a China como misionera hace años y, mientras estaba allí, tuvo viruela. En esa época no había cura para la viruela, y no había nada que los médicos pudieran hacer, así que la pusieron en cuarentena. Cuando ella buscó al Señor, el Señor le mostró dos cestas. Una cesta estaba llena, y representaba la viruela; la otra cesta estaba vacía, y representaba su alabanza. El Señor le dijo que cuando el cesto de su alabanza estuviera lleno, se manifestaría su sanidad.

> El enemigo no tiene nada con lo que combatir la alabanza; no tiene poder contra ella.

Por lo tanto, la misionera cantó alabanzas a Dios con sinceridad; alabó a Dios por su grandeza, por su fidelidad, lo alabó por su sanidad. Finalmente, después de varios días, fue sanada.

La alabanza es un arma poderosa. Si comienza a alabar a Dios en la mañana, se sorprenderá por lo que Él hará. Incluso si no tiene ganas de alabarle, puede ponerse el manto de alabanza en lugar del espíritu angustiado.

La alabanza nos cambia; cambia nuestras actitudes, cambia nuestro aspecto, aparta nuestros ojos de nosotros mismos y los pone en Dios. La alabanza trae a escena la presencia de Dios.

La alabanza es como una bomba atómica o una cabeza nuclear: ¡hace que el enemigo huya aterrado! El enemigo no tiene nada con lo que combatir la alabanza; no tiene poder contra ella, porque Dios habita en nuestras alabanzas. Los cristianos victoriosos son quienes han aprendido a alabar.

## El gozo del Señor

Dios espera que vivamos nuestra fe delante del mundo, de modo que establecimos también una esfera de gozo en mi habitación del hospital. Estábamos desesperados por tener gozo en medio de la batalla, porque la Biblia dice: *"el gozo del Señor es nuestra fortaleza"* (Nehemías 8:10, NVI).

En el hospital, mi padre y yo contábamos chistes y recordábamos historias divertidas. A pesar de todo lo que yo estaba pasando, la pérdida de peso, la caída del cabello y sentirme enfermo, siempre encontrábamos cosas por las que estar agradecidos y de las que reírnos. Siempre se puede encontrar algo de lo que reírse, y la risa es una buena medicina. Puede emprender su camino hacia la salud con la risa.

En muchos hospitales, la terapia de risas se ha convertido en práctica común, y las enfermeras cuentan chistes a sus pacientes. La investigación muestra que la risa puede sanar enfermedades cardíacas y añadir años a su vida; y la Biblia dice: *"El corazón alegre constituye buen remedio; mas el espíritu triste seca los huesos"* (Proverbios 17:22).

Es posible tener paz y gozo en medio de la incertidumbre y las circunstancias difíciles. Como escribí anteriormente, una vez estaba tan enfermo que me caí de la cama mientras intentaba alcanzar un vaso. Caí de cabeza al piso y los pies se quedaron en la cama, y en lugar de llorar, comencé a decir: "¡Ja-ja-ja-ja-já!". La enfermera entró rápidamente en la habitación y dijo: "¿Estás bien?".

"Sí", respondí. "M estoy riendo de estas circunstancias". La enfermera debió de haber pensado que estaba loco. Yo no *tenía ganas* de reír, pero recordé lo que había dicho el reverendo Jerry Savelle: "Si Satanás no puede robarte el gozo, ¡no puede quitarte tus bienes!". Yo sabía que si él no podía robarme el gozo, no podía quitarme la vida.

Hay ocasiones en que uno tiene más ganas de llorar que de reír, pero podemos echar mano del gozo del Señor en nuestro interior y decir: "¡Ja-ja-já!". *"El reino de Dios es...justicia, paz y gozo en el Espíritu Santo"* (Romanos 14:17).

Una noche, una enfermera llevó a un médico a mi habitación, y le dijo: "Esta es la habitación de la que le he hablado". Él se quedó en medio de la habitación mirando a su alrededor, y después dijo: "¡Tiene razón! ¡Da la sensación de estar en un servicio eclesial aquí!". Después de eso, se dio la vuelta y se fue.

Yo diría que algo va bien si podemos convertir la habitación de un hospital en un lugar de adoración donde la presencia de Dios es tangible. Llevamos su presencia a todas partes donde vamos, y mayor es la presencia de Dios en nosotros que cualquier enfermedad. La Biblia dice: *"Cristo en ustedes, la esperanza de gloria"* (Colosenses 1:27, NVI).

*Y el Dios de esperanza os llene de todo gozo y paz en el creer, para que abundéis en esperanza por el poder del Espíritu Santo.* (Romanos 15:13)

Repito que el enemigo quiere cargarle con su basura, pero usted puede emprender el camino de salida de cualquier situación alabando y riendo porque Dios le ha dado la victoria.

Comience alabando al Señor y riendo en voz alta durante quince minutos al día.

## Siete promesas del Salmo 91

Cada día, confiese el Salmo 91 sobre usted mismo y su situación. En los versículos 14 al 16 de este salmo hay siete cosas que Dios dijo que haría por quienes lo aman.

### 1. Dios nos librará

*"Por cuanto en mí ha puesto su amor, yo también lo libraré"* (Salmos 91:14). Nada es demasiado difícil para el Señor; ninguna situación es tan difícil que nos sobrepase. Con cada situación, Dios ha proporcionado una vía de escape.

Él libró a Jonás del vientre del pez (véase Jonás 1–2); Él libró a Sadrac, Mesac y Abednego del horno de fuego (véase Daniel 3:8–30); Él libró a Daniel del foso de los leones (véase Daniel 6); Él libró a una nación entera de la esclavitud (véase, por ejemplo, Éxodo 12:29–41; 14–31). Igual que los libró a ellos, ¡Él puede librarlo a usted, y lo hará!

> *Muchas son las aflicciones del justo, pero de todas ellas le librará Jehová.* (Salmos 34:19)

¿Le ha librado Dios otras veces? Como lo ha hecho antes, ¡Él lo hará otra vez!

### 2. Dios nos pondrá en alto

*"Le pondré en alto, por cuanto ha conocido mi nombre"* (Salmos 91:14). Hay muchos ejemplos en la Biblia donde Dios tomó a personas de las posiciones más bajas, las levantó y las puso en las posiciones más altas: José, David y el hijo de Saúl, Mefiboset, por nombrar algunos.

En el libro de Deuteronomio, Dios prometió que si su pueblo le obedecía, Él los pondría en alto delante de todas las naciones de la tierra (véase Deuteronomio 28:1). Hemos de ser cabeza y no cola, estar siempre por encima y nunca por debajo (véase el versículo 13).

### 3. Dios nos responderá

*"Me invocará, y yo le responderé"* (Salmos 91:15). Las personas que han escrito libros sobre el silencio de Dios o que Él no responde la oración, o son ignorantes de la Palabra de Dios o no le conocen realmente. Dios promete claramente que cuando clamemos a Él, Él nos responderá, aunque a veces puede que tengamos que perseverar.

> *Clama a mí, y yo te responderé, y te enseñaré cosas grandes y ocultas que tú no conoces.* (Jeremías 33:3)

> *Si permanecen en mí y mis palabras permanecen en ustedes, pidan lo que quieran, y se les concederá.* (Juan 15:7, NVI)

El enemigo quiere que crea que Dios no escucha sus oraciones o que no intervendrá. El propósito de Dios al crear al hombre fue tener comunión, tener una relación con el hombre. Dios oye cada oración y conoce todo lo que pasamos; Él se compadece de nuestras debilidades (véase Hebreos 4:15).

> **Dios prometió que nunca nos dejaría ni nos abandonaría.**

Cuando clamemos a Él, ¡Él nos responderá y nos mostrará cosas grandes y poderosas!

### 4. Dios estará con nosotros

*"Con él estaré yo en la angustia"* (Salmos 91:15). Uno de los nombres de Cristo, *Emanuel*, significa "Dios con nosotros" (véase Mateo 1:23). Dios está siempre con nosotros, pese a dónde estemos o lo que estemos pasando. Él prometió que nunca nos dejaría ni nos abandonaría (véase, por ejemplo, Hebreos 13:5). Él vive en nuestro interior, y está con nosotros todo el tiempo (véase, por ejemplo, 1 Corintios 3:16).

### 5. Dios nos honrará

*"Lo libraré y lo llenaré de honores"* (Salmos 91:15, NVI). Una cosa es recibir honores de los hombres, pero otra muy distinta es recibir honor del Señor. Dios promete honrar a quienes lo aman, y Dios también honra a quienes honran su Palabra (véase, por ejemplo, 1 Samuel 2:30; Juan 14:23).

### 6. Dios nos saciará de larga vida

*"Lo saciaré de larga vida"* (Salmos 91:16). El plan de Dios es que vivamos una vida larga y fructífera; y quiere que tengamos calidad de vida y cantidad de vida. ¿Qué es cantidad de vida sin calidad? ¿Y qué es calidad de vida sin cantidad? ¡Él dijo que nos saciaría!

### 7. Dios nos mostrará su salvación

*"Y le mostraré mi salvación"* (Salmos 91:16). En el Nuevo Testamento, la palabra traducida por "salvo" es *sozo*. La palabra *sozo* se refiere a sanidad, congruencia, preservación, completo. Dios dijo que nos mostraría su salvación.

A medida que confiese el Salmo 91 sobre usted mismo y su situación, enfóquese en estas siete cosas que Dios dijo que haría por quienes lo aman, y confíe en que Él las cumplirá en su vida.

# Capítulo 14

# Paso Ocho: Esté firme

*"Así que, hermanos míos amados, estad firmes y constantes,*
*creciendo en la obra del Señor siempre, sabiendo que vuestro*
*trabajo en el Señor no es en vano".*
—1 Corintios 15:58

Hay veces en que tenemos que estar firmes en las promesas de Dios a pesar de lo que sintamos o veamos. Si espera recibir sanidad, no puede estar pensando que Dios le está retirando la sanidad porque Él tiene en mente un propósito mayor. No, Dios compró la sanidad por medio de Cristo, y ahora le pertenece a usted. Debe estar firme para obtener las promesas. La palabra *firme* significa "fijado firmemente en su lugar: inamovible; firme en creencia, determinación o adherencia". La firmeza es un requisito para ganar y vencer.

*Porque somos hechos participantes de Cristo, con tal que re-*
*tengamos firme hasta el fin nuestra confianza del principio.*
(Hebreos 3:14)

*Pues, si somos fieles hasta el fin, confiando en Dios con la*
*misma firmeza que teníamos al principio, cuando creímos*
*en él, entonces tendremos parte en todo lo que le pertenece a*
*Cristo.* (Hebreos 3:14, NTV)

## Estamos calificados

Cuando las personas han estado en una batalla constante contra la enfermedad, el enemigo intentará con frecuencia sabotear su fe; les dirá que no tienen fe o que su fe no está funcionando, simplemente porque aún no han experimentado la manifestación plena de su sanidad. El enemigo siempre trabaja para hacer que usted se sienta insuficiente, inadecuado y descalificado para recibir de Dios.

Lo cierto es que *estamos calificados.*

*Con gozo dando gracias al Padre que nos hizo aptos para participar de la herencia de los santos en luz.*

(Colosenses 1:12)

La Biblia dice que Dios ha dado a cada persona una *"medida de fe"* (Romanos 12:3), y esa medida es más que suficiente para hacer que venzamos. Somos *"más que vencedores"* (Romanos 8:37) por medio de Jesucristo.

> *Somos "más que vencedores" (Romanos 8:37) por medio de Jesucristo.*

Durante mi batalla contra el linfoma de Burkitt, hubo muchas veces en que habría sido mucho más fácil darme por vencido y abandonar; hubo veces en que no parecía curado, y sin duda no me sentía curado. Tenía fiebre, infecciones y complicaciones, pero siempre que escuchaba al Espíritu Santo en mi interior, Él me daba la guía y la seguridad que necesitaba. Una cosa es segura: el Espíritu Santo no le abandonará; Él le alentará a no darse nunca por vencido o abandonar.

Es importante que se sitúe constantemente en una posición para leer su Palabra y oír su voz.

*Les dijo también: Mirad lo que oís; porque con la **medida** con que medís, os será **medido**, y aun se os añadirá a vosotros los que oís.*

(Marcos 4:24)

Repito: tenga cuidado de no caer en una mentalidad errónea de "esperar" su sanidad. La sanidad es *ahora*. La fe es *ahora*. *Hoy es el día de salvación.*

Debe creer que recibe su sanidad mientras sigue aferrándose a su fe y con la confianza y la expectativa de que su sanidad se está manifestando.

## Sanado *"pronto"*

Debe creer en el poder de Dios para sanar. Cuando la mujer que tenía flujo de sangre quiso ser sanada, tocó el borde del manto de Jesús (véase, por ejemplo, Mateo 9:20–22). Probablemente tras oír su relato, otros hicieron lo mismo.

> *Cuando le conocieron los hombres de aquel lugar* [Genesaret], *enviaron noticia por toda aquella tierra alrededor, y trajeron a él todos los enfermos; y le rogaban que les dejase tocar solamente el borde de su manto; y todos los que lo tocaron, quedaron sanos.* (Mateo 14:35–36)

Ocurrió algo similar más adelante en el ministerio de Pedro:

> *Y los que creían en el Señor aumentaban más, gran número así de hombres como de mujeres; tanto que sacaban los enfermos a las calles, y los ponían en camas y lechos, para que al pasar Pedro, a lo menos su sombra cayese sobre alguno de ellos.* (Hechos 5:14–15)

Hace años, cuando Aimee Semple McPherson predicaba, había personas que viajaban desde kilómetros a la redonda para oírla ministrar. Personas que estaban enfermas decían frecuentemente: "Si tan solo puedo tocar el ladrillo del edificio donde Aimee Semple McPherson está ministrando, seré sanado". Incontables números de personas fueron sanadas bajo su ministerio.

Un ministro dijo una vez. "Se pueden obtener resultados rápidos si edificamos nuestra fe para resultados rápidos". *"Así que la fe es por el oír, y el oír, por la palabra de Dios"* (Romanos 10:17). Puede confesar estos versículos de la Escritura y creer para que su sanidad se manifieste pronto:

*Inclina a mí tu oído, líbrame pronto; sé tú mi roca fuerte, y fortaleza para salvarme.* (Salmos 31:2)

*No escondas de mí tu rostro en el día de mi angustia; inclina a mí tu oído; apresúrate a responderme el día que te invocare.* (Salmos 102:2)

*El preso agobiado será libertado pronto; no morirá en la mazmorra, ni le faltará su pan.* (Isaías 51:14)

*Entonces nacerá tu luz como el alba, y tu salvación se dejará ver pronto; e irá tu justicia delante de ti, y la gloria de Jehová será tu retaguardia.* (Isaías 58:8)

*Les digo que sí les hará justicia, y sin demora. No obstante, cuando venga el Hijo del hombre, ¿encontrará fe en la tierra?* (Lucas 18:8, NVI)

Muchas personas preguntan: "¿Cuándo me sanará Dios?". Bueno, Él ya lo ha hecho. Lo que realmente quieren decir es: "¿Cuándo se manifestará mi sanidad?". Con demasiada frecuencia las personas andan por vista en vez de andar por fe (véase 2 Corintios 5:7). Si usted camina por fe, entonces ya ha recibido sanidad en su interior. Mantenga las promesas de Dios inundando su interior, y lo que hay en el interior se manifestará en el exterior.

Si ha hecho la oración de fe, y cree que ha recibido su sanidad, entonces siga dando gracias a Dios porque está sanado; y siga confesando: "el poder sanador de Dios está obrando poderosamente en mi cuerpo. Mi cuerpo se está recuperando; me estoy fortaleciendo cada día, y cada vez estoy mejor. Mi cuerpo está sanado, en el nombre de Jesús".

¿Cómo pasa de "Creo que recibo" a "¡Aquí está!"? Siga el ejemplo de fe de Abraham en Romanos 4:

+ Creyó a Dios (véase versículo 18).
+ No consideró la edad de su cuerpo o la esterilidad del vientre de Sara (véase versículo 19).
+ Fue fortalecido en fe (véase versículo 20).
+ Dio gloria a Dios (véase versículo 20).
+ Estaba plenamente convencido de que lo que Dios prometió lo cumpliría (véase versículo 21).

Cada vez que usted declara la Palabra de Dios y sigue firme en las promesas de Dios, sin importar cómo se vean las cosas, Satanás no puede soportarlo, y hará todo lo que pueda para evitar que la Palabra de Dios sea sembrada en su corazón. Sea persistente y firme en declarar la Palabra de Dios a pesar de todo.

## No haga concesiones

El enemigo siempre intentará conseguir que nos conformemos con menos de lo mejor de Dios. La concesión es el lenguaje del diablo; niéguese a conformarse. Yo estaba en una iglesia en Colorado cuando oré por un hombre que tenía sordera parcial en un oído, y fue sanado al instante en el momento en que oré por él. La noche siguiente, él regresó y dijo: "Oigo mejor con mi oído sanado que con el bueno. Quiero que mi oído bueno oiga igual de bien que mi oído sanado", así que oré por su oído bueno y pudo oír muy bien con los dos oídos. El hombre se negó a conformarse con menos, y debido a que se negó a conformarse con menos, fue sanado.

Nuestro buen amigo Norwood Clemons es un superviviente. Se ha enfrentado a varios retos y ha batallado y se ha sobrepuesto a varias enfermedades graves cuando tener aunque solo fuera una de esas enfermedades habría causado que muchas personas se dieran por vencidas. En 1945, a los nueve años de edad, tuvo polio y tuvo que llevar un aparato metálico desde la cadera hasta los dedos de los pies. Le hicieron varias cirugías para ayudar a estabilizar su tobillo, pero no dieron resultado; sin embargo, cuando tenía once años de edad, un amigo lo invitó a un servicio de sanidad. Después del servicio, se fue a su casa y se acostó. A la mañana siguiente, se quitó el aparato y dejó a un lado sus muletas; le dijo a su madre que estaba sano.

Norwood efectivamente fue sanado de polio. Más adelante, fue sanado después de tener un ataque al corazón, y también ha sido sanado de un tumor cerebral, cáncer de vesícula biliar y cáncer de próstata. Durante su carrera profesional de treinta y cinco años, tomó solamente tres días libres en el trabajo por enfermedad. Norwood sigue adelante; confía en Dios; ha aprendido a vencer. Ha visto a Dios hacer muchas cosas milagrosas en su vida, y es un testimonio andante de la bondad de Dios. En toda situación, se niega a hacer concesiones o a tirar la toalla, y sigue adelante en el poder y la provisión de Dios. Si Dios lo hizo para Norwood, lo hará para usted.

*Mantengámonos firmes sin titubear en la esperanza que afirmamos, porque se puede confiar en que Dios cumplirá su promesa.* (Hebreos 10:23, NTV)

Si se mantiene firme en su fe, Dios será firme en cumplir su Palabra.

## Cómo mantenerse firme

Los israelitas no pudieron entrar en la Tierra Prometida la primera vez porque sus corazones no eran firmes delante de Dios. ¿Cómo se mantiene usted firme? ¿Qué hace cuando parece que su fe no está funcionando?

### Recuerde la fidelidad de Dios

Dios tiene un largo historial, y nunca ha fallado. Nadie que haya puesto su confianza en Él ha sido avergonzado (véase Salmos 22:5). Recuerde todas las cosas maravillosas que Dios ha hecho por usted. Dios es fiel, y es fiel para vigilar su Palabra y cumplirla (véase Jeremías 1:12). Su sanidad se manifestará si usted no abandona.

Puede que quiera documentar la fidelidad de Dios en un cuaderno o un diario. Eso le ayudará a enfocarse en Dios y en su bondad mientras vive su sanidad.

> **Dios tiene un largo historial, y nunca ha fallado.**

### Siga haciendo lo que sabe hacer

Siga atendiendo a la Palabra de Dios; confiese versículos de sanidad; ore en el Espíritu; siga los dictados de su corazón; tome la Comunión. Haga cualquier cosa que Dios le dirija a hacer. Según Hebreos 11:6, Dios *recompensa* a quienes lo buscan diligentemente.

> *En realidad, sin fe es imposible agradar a Dios, ya que cualquiera que se acerca a Dios tiene que creer que él existe y que recompensa a quienes lo buscan.* (Hebreos 11:6, NVI)

### Siga tomando terreno

¿Ha oído alguna vez la adivinanza: "¿Cómo puedes comerte a un elefante?". Respuesta: "Bocado a bocado". Dios con frecuencia obra a medida que damos un pequeño paso cada vez. Hace unos años yo oré por una mujer que estaba en silla de ruedas paralítica durante diez años. Le pregunté qué otras complicaciones había desarrollado como resultado de su parálisis, y ella me dijo que sufría bursitis en el hombro, migrañas y deterioro en la cadera. Oré por sus migrañas y Dios la sanó al instante; oré por la bursitis y Dios la sanó al instante; oré por sus caderas y comenzaron a moverse y rotar: ella sintió un cambio en su cuerpo. Finalmente cuando fui a orar por su parálisis, ¡ella se levantó de la silla de ruedas de un salto y comenzó a correr por la sala! Había sido sanada instantáneamente.

Si siente que está atascado, comience por dar pasos pequeños. Una señora a quien diagnosticaron cuatro tipos de cáncer comenzó a usar su fe contra ellos uno a uno. Vio cómo Dios la sanó de cáncer de pecho, y después la sanó de cáncer de huesos; a continuación la sanó de cáncer de hígado, y finalmente Dios la sanó de cáncer en el cerebro. En siete meses, fue sanada desde la cabeza hasta los pies. Si su situación le parece abrumadora, divídala en una serie de pequeños pasos.

Podría comenzar creyendo para que se le quite el dolor de cabeza o vuelva a tener apetito. Podría creer a Dios para que le ayude a dar unos pasos; está bien dar pequeños pasos, pero en cualquier cosa que haga, siga tomando terreno y avanzando.

> **Está bien dar pequeños pasos, pero siga tomando terreno y avanzando.**

A veces tenemos que ser sinceros con nosotros mismos en cuanto al nivel de nuestra fe. Si está intentando creer a Dios para sanidad de cáncer cuando nunca ha creído en Él antes para la sanidad de un dolor de cabeza, comience en lo pequeño y vea a Dios moverse.

### Esté decidido a que ganará

No abandone; no tire la toalla. Cuando el dolor parezca insoportable y el médico haya dicho que no hay esperanza, tiene que encontrar la fuerza para decir: "No me importa cómo me sienta o lo que digan otros. Esto también pasará, y yo ganaré. ¡Soy sanado por las llagas de Jesús!".

*Porque somos hechos participantes de Cristo, con tal que retengamos firme hasta el fin nuestra confianza del principio.*

(Hebreos 3:14)

Manténgase firme, y permanecerá. La persistencia siempre da recompensa. Si usted aguanta, verá *"la bondad de Dios en la tierra de los vivientes"* (Salmos 27:13).

El mayor enemigo al que los israelitas se enfrentaron fue la tentación de caminar por vista en lugar de caminar por fe. Los espías que investigaron la Tierra Prometida regresaron con un informe negativo, y dijeron: "¡Vimos gigantes y las ciudades amuralladas! Nosotros éramos como saltamontes ante su vista y ante la nuestra" (véase Números 13:28, 32–33).

*"Por fe andamos, no por vista"* (2 Corintios 5:7). No podemos ganar una batalla espiritual manteniendo nuestra vista en las circunstancias naturales; tenemos que mirar a Dios y a su Palabra hasta que parezcan gigantes y la enfermedad y sus síntomas parezcan saltamontes en comparación. La mayoría de victorias llegan manteniendo nuestro pie en el acelerador. Aquello por lo que usted luche es lo que obtendrá.

# Capítulo 15

# Paso Nueve:
# Tenga una visión de victoria

*"Donde no hay visión, el pueblo se extravía".*
—Proverbios 29:18, NVI

El verdadero cambio comienza cuando empezamos a ver las promesas de Dios en el interior antes de que se manifiesten en el exterior. Para verse a usted mismo sanado en el interior, sus ojos espirituales deben ser iluminados tras oír la Palabra de Dios. La fe no solo *cree*, sino que también *ve* las promesas de Dios. Usted se elevará solamente hasta el nivel donde pueda verse a sí mismo.

Una vez tuve un entrenador de tenis que decía: "Si no crees que ganarás, no lo harás. Nunca te sorprenderás a ti mismo ganando un partido que no estés seguro de que puedes ganar. Debes estar convencido de que ganarás antes de comenzar el partido".

*Porque todas las promesas de Dios son en él Sí, y en él Amén,*
*por medio de nosotros, para la gloria de Dios.*

(2 Corintios 1:20)

Todas las promesas de Dios en Cristo son seguras; sin embargo, usted tiene que decidir. Puede verse a usted mismo en Cristo o puede verse en una crisis. Puede verse a usted mismo sanado o puede verse enfermo. Puede verse a usted mismo victorioso o puede verse derrotado.

Lo que vea en el interior es lo que experimentará en el exterior.

*Porque cual es su pensamiento en su corazón, tal es él.*

(Proverbios 23:7)

Debemos vernos a nosotros mismos como Dios nos ve.

*Pues como él es, así somos nosotros en este mundo.*

(1 Juan 4:17)

Dios nos ve en Cristo; nos ve perdonados, como si nunca hubiéramos pecado. Él nos ve sanados; nos ve uno con Él; nos ve victoriosos.

*Pues nos levantó de los muertos junto con Cristo y nos sentó con él en los lugares celestiales, porque estamos unidos a Cristo Jesús.* (Efesios 2:6, NTV)

Su sanidad no se basa en el estado de su cuerpo; su sanidad se basa en su posición en Cristo. La Biblia dice que usted está sentado con Cristo *"en los lugares celestiales, sobre todo principado y autoridad"* (Efesios 1:20–21).

## Alcanzar la esfera invisible

Hay una esfera invisible. El ámbito invisible, o ámbito del espíritu, es más sustancial que esta esfera real. Todo en la esfera visible fue creado para la esfera invisible. La esfera visible es temporal: cosas que están aquí hoy y ya no están mañana; la esfera visible, que es física, está sujeta a cambio.

*Cuando se enfoca usted en la esfera invisible y declara las palabras de Dios a la atmósfera es cuando hace que las cosa que están en la esfera invisible se manifiesten en la esfera visible.*

Solamente cuando se enfoca usted en la esfera invisible y declara las palabras de Dios a la atmósfera es cuando hace que las cosa que están en la esfera invisible se manifiesten en la esfera visible.

Los milagros creativos se encuentran en la esfera invisible. Los ángeles son los mensajeros de Dios que llevan milagros del cielo a la tierra. El cielo tiene "almacenes" llenos de miembros del cuerpo humano: brazos, piernas, órganos, lo que sea necesario. Esas partes están listas para que los ángeles las lleven a la tierra, y los ángeles están esperando a que una persona libere palabras a la atmósfera y llame a tener vida a lo que sea necesario.

Dios no es movido por la necesidad sino por la fe. Si Dios fuera siempre movido por la necesidad, se estaría moviendo en todas partes y todo el tiempo. La fuerza de la fe es la mano que se extiende hasta la esfera invisible y lleva cosas a la esfera visible.

Cuando estudie la vida de Jesús, descubrirá que Él sanó todo tipo y grados de enfermedad y males. Él fue a Galilea y sanó a todos los que estaban enfermos (véase Mateo 4:23); fue a Siria y sanó a todos los enfermos: sanó a *"todos los que tenían dolencias, los afligidos por diversas enfermedades y tormentos, los endemoniados, lunáticos y paralíticos"* (versículo 24). Él sanó *"a cojos, ciegos, mudos, mancos, y otros muchos enfermos"* (Mateo 15:30). Él sanó a personas que nacieron con deformidades o que habían perdido miembros debido a enfermedades o accidentes; sanó a personas a quienes les habían extirpado partes por cirugía.

## Dios puede hacer milagros creativos

Yo era parte de la plantilla de personal de una iglesia cuando oramos por un milagro creativo para una joven a quien habían extirpado parte del cuello del útero, y ella estaba consternada porque nunca podría tener hijos; sin embargo, Dios la sanó. Dios hizo un milagro creativo al darle otro cuello del útero. Los médicos quedaron asombrados, y su historia llegó hasta los médicos principales en el Hospital MCV (Medical College of Virginia) en Richmond.

El poder de Dios produce cambio. Mayor es el poder de Dios en nosotros que la enfermedad en nosotros o que nos rodea. El poder de Dios es mucho mayor que el poder de Satanás. Necesitamos aprender lo que nos pertenece y cómo apropiarnos de ello; necesitamos entender cómo tener acceso al poder de Dios que está a disposición de todos.

> *Mayor es el poder de Dios en nosotros que la enfermedad en nosotros o que nos rodea.*

Ninguna enfermedad ni mal tiene poder sobre usted; nada tiene poder a menos que usted le dé poder. Tenemos el poder de Dios para quitar la enfermedad y devolver vida.

*El Espíritu de Dios, quien levantó a Jesús de los muertos, vive en ustedes; y así como Dios levantó a Cristo Jesús de los muertos, él dará vida a sus cuerpos mortales mediante el mismo Espíritu, quien vive en ustedes.*

(Romanos 8:11, NTV)

Dios sigue siendo el Creador. Si Él puede restaurar miembros y partes del cuerpo que faltan, ¡puede hacer cualquier cosa! Todas las cosas son posibles para Él (véase, por ejemplo, Marcos 10:27). Si Dios pudo levantarme de mi lecho de muerte, Él puede levantarlo a usted de sus circunstancias.

Siga viéndose usted mismo en Cristo; siga viéndose sanado. Mantenga sus ojos en la esfera invisible y no en la esfera visible.

## Derribe la sanidad por fe

En una ocasión estaba yo enseñando en un servicio cuando una señora se levantó de su asiento, corrió hasta el frente e intentó derribarme. Falló, cayó al piso, y se quedó allí hasta que terminó el servicio. Parece que Dios la estaba ministrando allí.

Años después, yo estaba ministrando en otra iglesia cuando una mujer dijo: "Usted probablemente no me recordará, pero hace varios años usted estaba ministrando en una iglesia, y yo llegué corriendo hasta el frente de la iglesia e intenté derribarlo".

"Sí, me acuerdo de usted".

"Bueno, yo tenía una enfermedad incurable. Mientras usted ministraba me emocioné tanto, que pude verme a mí misma sana. No quería tener que esperar, así que pensé: *Voy a arrebatar mi sanidad*. Fue entonces cuando me levanté de la silla y corrí hasta el frente". Ella fue sanada al instante por el poder de Dios.

*A eso se refieren las Escrituras cuando dicen: «Ningún ojo ha visto, ningún oído ha escuchado, ninguna mente ha imaginado lo que Dios tiene preparado para quienes lo aman». Pero fue a nosotros a quienes Dios reveló esas cosas por medio de su Espíritu. Pues su Espíritu investiga todo a fondo y nos muestra los secretos profundos de Dios.*

(1 Corintios 2:9–10, NTV)

## Cómo obra la fe

> **Usted lo cree por fe y lo ve con sus ojos espirituales mucho antes de ver su sanidad manifestarse en lo natural.**

La fe percibe como un hecho real lo que no es revelado a los sentidos. Eso significa que usted cree que es sano incluso mientras los médicos, pruebas de laboratorio y síntomas en su cuerpo le gritan otra cosa. Sé que no es el modo en que opera nuestro mundo, pero es el modo en que obra la fe. Usted lo cree por fe y lo ve con sus ojos espirituales mucho antes de ver su sanidad manifestarse en lo natural.

Parecido a como los deportistas entienden el poder de la visualización cuando practican sus movimientos para rendir en competición, usted debe *verse* a sí mismo bien.

Reitero lo que dice Proverbios 23:7: *"Porque cual es su pensamiento en su corazón, tal es él"*. Otra traducción lo expresa: "Porque cual es su pensamiento en su corazón, así llega a ser".

Solo se elevará hasta el nivel donde pueda *verse* a usted mismo.

Puede que recuerde que en mi lecho de muerte en el hospital en el INS yo tenía una fotografía enmarcada de mí mismo cuando tenía salud. Mientras otros a mi alrededor estaban enfermos y esperaban morir, yo miraba mi fotografía y decía: "Por sus llagas, soy sanado. No moriré, sino viviré y declararé las obras del Señor".

## Dé sus vueltas de victoria

Con frecuencia, yo también me levantaba de la cama a medianoche y daba vueltas por esa ala del hospital. Cuando pasaba por el mostrador de las enfermeras, les decía: "¡Estoy dando mis vueltas de victoria! No tengo planes de quedarme aquí mucho más tiempo". Cada vez que daba un paso, me imaginaba a mí mismo saliendo vivo del hospital. Decía: "¡Estoy un paso más cerca de salir de este lugar!".

En mi interior, me veía a mí mismo salir del hospital mucho antes de que me dieran de alta. Me veía jugando al tenis; me veía viajando por el mundo y compartiendo mi testimonio; me veía sirviendo a Dios. Y tal como lo veía, lo profetizaba y lo declaraba.

Otras personas no podían ver lo que yo veía, y las personas tampoco podrán ver lo que usted ve. Pensarán que es usted un necio y está en negación, como pensaban de mí, pero no puede permitir que eso le detenga; no permita que las opiniones de otros le alejen de la fe. Yo no lo hice y... bueno... ¡estoy vivo! Nadie se ríe de mí ahora, y la opinión de otros no importa, excepto la suya propia y la de Dios.

En algunas alas de cáncer infantil se anima a los pacientes a que hagan dibujos, y se les dice que dibujen las células buenas en sus cuerpos destruyendo a las células malas. Ese ejercicio es una herramienta poderosa. De igual modo, alimentarse constantemente de la Palabra de Dios edificará una imagen en su interior de lo que le pertenece, y comenzará a verse a usted mismo como Dios lo ve.

Después de meditar en la Palabra de Dios, lo que vea en su interior se hará más real que lo que esté sucediéndole a usted o a su alrededor. Llegará al punto en que sabrá *con certeza* que está sano. Nada ni nadie podrá convencerlo de lo contrario, y usted tendrá *plena seguridad* de que lo que Dios ha prometido lo cumplirá.

> *Tampoco dudó* [Abraham], *por incredulidad, de la promesa de Dios, sino que se fortaleció en fe, dando gloria a Dios, plenamente convencido de que era también poderoso para hacer todo lo que había prometido.* (Romanos 4:20–21)

La mujer que tenía flujo de sangre a quien Jesús sanó estaba afligida por cierto tipo de hemorragia. La Biblia dice que había gastado todo lo que tenía en médicos pero que había empeorado en lugar de mejorar (véase Marcos 5:25–26). Mucho antes de que esa mujer se acercara a la presencia de Jesús, se vio a sí misma tocando el borde de su manto; se vio a sí misma sanada.

*"Pues pensó: «Si tan solo tocara su túnica, quedaré sana»"* (Marcos 5:28, NTV).

Esa mujer meditó en su sanidad. Vio su sanidad; creyó que sería sanada, y actuó de acuerdo a su fe; y según la Biblia, la mujer fue sanada.

## Un nuevo modo de ver

Una vez ministré a una mujer llamada Shelly que había sufrido una batalla de diez años contra el cáncer. Le había carcomido piel, hueso y tejido en una parte de su cara, y esa parte de su cara estaba hundida. Con el tiempo, ella aprendió los versículos sobre sanidad y se fortaleció en su fe; pero cuando le pregunté si podía verse a ella misma sanada en su interior, dijo que no podía.

Habían pasado tantos años que no podía identificarse con una vieja fotografía de sí misma, y no tenía otra reciente. Le pedí que se hiciera una fotografía; después, hicimos que alguien tomara esa foto y otra foto antigua de ella y las combinara para crear una nueva fotografía de su cara actual sanada. Cuando ella vio la fotografía, dijo: "¡Vaya! ¡Esto sí es algo con lo que puedo identificarme!". En el transcurso de los siguientes meses, a medida que ella meditaba en la foto y en las promesas de Dios, pudo tener una visión de sí misma sanada. Y mientras meditaba en esa fotografía, regresaron a su cara nuevo hueso, piel y tejido. Su médico no podía creer la transformación que se produjo.

> *Por tanto, nosotros todos, mirando a cara descubierta como en un espejo la gloria del Señor, somos transformados de gloria en gloria en la misma imagen, como por el Espíritu del Señor.* (2 Corintios 3:18)

Después de que yo fuera sanado y me dieron de alta del hospital, me dijeron que nunca volvería a correr, a jugar al tenis, y que nunca tendría hijos.

"Es demasiado tarde", respondí yo. "Ya me he visto a mí mismo poseyendo esas promesas".

El enemigo siempre intentará conseguir que usted se conforme con menos de lo mejor de Dios. ¡Niéguese a conformarse! Tenga una visión de usted mismo levantándose de esa silla de ruedas; véase fuerte; véase sano. *"Mayor es el que está en vosotros, que el que está en el mundo"* (1 Juan 4:4).

Profetícelo, declárelo sobre su vida, ¡y vea a Dios cumplirlo!

*Mas a Dios gracias, el cual nos lleva siempre en triunfo en Cristo Jesús, y por medio de nosotros manifiesta en todo lugar el olor de su conocimiento.* (2 Corintios 2:14)

# Capítulo 16

# Paso Diez: Haga planes

*"Pues yo sé los planes que tengo para ustedes —dice*
*el Señor—. Son planes para lo bueno y no*
*para lo malo, para darles un futuro y una esperanza".*
—Jeremías 29:11, NTV

Cuando una pareja descubre que van a tener un bebé, ¿qué hacen? Comienzan a hacer planes para cuando nazca el bebé. Amueblan y decoran el cuarto y compran pañales y ropa de bebé; familiares y amigos hacen una fiesta antes de que nazca para asegurarse de que tengan todo lo que necesitan: todo eso antes de que llegue el bebé.

La fe obra del mismo modo. A los diecinueve años de edad, David Yonggi Cho era un budista coreano a quien habían diagnosticado un caso terminal de tuberculosis. Una joven cristiana iba cada día a hablar con él sobre la realidad de Jesús; él entregó su vida al Señor Jesús y fue sanado de tuberculosis. Cuando Dios lo llamó al ministerio, Cho le pidió una bicicleta como vehículo de transporte. A medida que meditaba en las promesas de Dios, Dios le indicó que se viera a sí mismo conduciendo la bicicleta. La fe echó raíces en su corazón, y Cho describió la experiencia como estar espiritualmente embarazado de una bicicleta. Por la fe, ¡estaba en estado de buena esperanza! Con el tiempo, la bicicleta se manifestó en lo natural. En la actualidad, David Yonggi Cho es el pastor de la iglesia más grande del mundo con más de 800.000 miembros. La fe está llena de expectativa; la fe comienza a hacer planes para el futuro. ¡Qué planes tan grandes y gloriosos tiene Dios para su vida!

> *Yo he sido testigo del poder de Dios para sanar a personas en cuanto comenzaron a hacer lo que Dios les había llamado a hacer.*

Cuando yo estaba en la cama de ese hospital comencé a hacer planes para mi futuro. Llevé mi sanidad en mi corazón de modo parecido a como una mujer lleva a un bebé. Les decía a otros lo que haría en cuanto me dieran de alta del hospital. La fe siempre mira hacia el futuro.

En el futuro, me imaginaba a mí mismo orando por los enfermos, así que comencé a orar por los enfermos en el hospital. Mi madre y yo con frecuencia íbamos a orar por otros. Seguíamos Santiago 5:16, que dice: *"oren unos por otros, para que sean sanados"* (NVI).

Me estaba empujando a mí mismo hacia mi propósito. Cuando usted comience a empujarse hacia su propósito, el poder de Dios vendrá sobre usted y le capacitará para hacer lo que Dios le ha llamado a hacer. Yo he sido testigo del poder de Dios para sanar a personas en cuanto dieron pasos de fe hacia su propósito y comenzaron a hacer lo que Dios les había llamado a hacer. Este es un paso poderoso, y no debería dejarse fuera. ¡Haga planes! ¡Establezca metas para su futuro!

## La fe mira hacia el futuro

Una vez ministré a un pastor que había sufrido un derrame y tenía paralizado un lado de su cuerpo. Había estado en cama durante diez años, y su hijo había ocupado el papel de pastor de su iglesia. Después de años de enfermedad, el pastor estaba desalentado y deprimido; se había negado a comer o a levantarse de la cama, y se había convertido en un hombre muy frágil; también había dejado de ir a la iglesia. Cuando fui a ministrarlo, él no me respondía; en cambio, se quedaba con la mirada perdida hacia el espacio. Cuando insistí, me dijo que no tenía interés en que yo orase por él.

"Pastor", le dije, "¿significa eso que usted ha cumplido su propósito? ¿Ha terminado su tarea?".

Eso captó su atención, y admitió: "No".

"¿Qué haría con su vida si estuviera bien y sano?", le pregunté, y él comenzó a decirme algunas cosas.

"¿Ha orado antes por los enfermos y ha visto milagros?", dije.

"¡Sí", respondió él.

"Hábleme de todos los milagros que ha visto", le indiqué. Y él se incorporó en la cama y comenzó a hablarme de milagros.

"¿Y qué de su familia?", le pregunté. "¿No quiere poder disfrutar de sus hijos y sus nietos?".

Cuando el hombre entendió que su propósito en la tierra no había terminado y que aún había razones para que viviera, eso caló en su voluntad. Cuando yo oré, el Señor sanó su cuerpo. Al día siguiente, que era domingo, cuando me puse de pie para ministrar él entró en la iglesia, ¡y la congregación se puso como loca! Al final del servicio las personas se regocijaron y danzaron.

Hágase algunas preguntas. ¿Qué haría si fuera sanado? ¿Cómo cambiaría su vida? Tome una hoja de papel y anote sus planes futuros. ¿Se ve corriendo otra vez o montando en bicicleta? ¿Y en unas vacaciones? ¿Le gusta la playa o la montaña? ¿Le gustaría vivir el tiempo suficiente para disfrutar de sus hijos y sus nietos? ¿Y hacer un viaje misionero? ¿Compartir su testimonio? ¿Servir a Dios de una manera mayor?

¿Qué le parece hacer una fiesta de alabanza para regocijarse con otros por su sanidad?

## Sueñe el sueño de Dios

> **Puede que no sepa cuál es su propósito, pero a medida que siga a Dios y comience a servirlo, su plan y su propósito se revelarán.**

Un año después de ser sanado, el Señor me habló y me dijo: *Brian, has tenido un sueño en tu corazón, y durante muchos años has trabajado para cumplir ese sueño. Quiero que sepas que tengo un sueño en mi corazón para ti.*

Dejé a un lado mi sueño y tomé el sueño de Dios, y descubrí que el sueño de Dios es más satisfactorio y gratificante de lo que nunca imaginé. Nunca he mirado atrás, y nunca he lamentado esa decisión ni por un instante.

¿Y usted? ¿Está preparado? ¿Rendirá su voluntad a la voluntad de Dios y hará un compromiso con Él de que hará lo que Él le diga que haga?

> *El corazón del hombre traza su rumbo, pero sus pasos los dirige el Señor.*
> (Proverbios 16:9)

Puede que no sepa cuál es su propósito, pero a medida que siga a Dios y comience a servirlo, su plan y su propósito se revelarán. Cuando Dios nos creó, nos diseñó con un plan en mente. No estamos en esta tierra por accidente o por error; Dios tiene planes para darnos un futuro y una esperanza (véase Jeremías 29:11).

La Biblia nos dice:

> *Porque somos hechura de Dios, creados en Cristo Jesús para buenas obras, las cuales Dios dispuso de antemano a fin de que las pongamos en práctica.* (Efesios 2:10, NVI)

¡Dios tiene una "vida buena" para que la vivamos! Él ha ordenado que vivamos la vida buena, que es una vida libre de enfermedad y de achaques.

Un versículo que me ayudó a seguir adelante fue este: *"estando persuadido de esto, que el que comenzó en vosotros la buena obra, la perfeccionará hasta el día de Jesucristo"* (Filipenses 1:6). Sabía por este versículo que lo que Dios había comenzado, sin duda lo terminaría. La Biblia dice que Jesús es *"el iniciador y perfeccionador de nuestra fe"* (Hebreos 12:2, NVI).

## ¿A quién enviaré?

*Después oí la voz del Señor, que decía: ¿A quién enviaré, y quién irá por nosotros? Entonces respondí yo: Heme aquí, envíame a mí.* (Isaías 6:8)

Dios necesita nuestra cooperación para cumplir su plan eterno. Hace varios años, el Señor habló a mi esposa y dijo: *Yo no solo tengo el plan o un plan para tu vida, sino que tú eres el plan.* El Señor nos recordó a Noé, Moisés, Ester y Jesús. Nos mostró que ellos no eran solo parte del plan de Dios; ellos *eran* su plan.

*"¿A quién enviaré, y quién irá por nosotros?"*. Dios sigue haciendo esa pregunta en la actualidad. Usted y yo somos el plan de Dios; somos su plan para alcanzar a esta generación. Lo que Dios hace en usted y por usted, desea hacerlo por medio de usted para alcanzar a muchas más personas.

Algunos quieren ser sanados solamente para regresar a su viejo estilo de vida, pero me gusta lo que hizo la suegra de Pedro cuando Jesús la sanó: inmediatamente después de ser sanada, se levantó y comenzó a servir (véase Mateo 8:14-15).

Cuando fue sanada, ¡comenzó a servir al Señor! Lo más grande que usted puede hacer por Dios es comenzar a servirlo.

> **Estamos viviendo en uno de los tiempos más grandes de la historia humana. Veremos milagros, señales y maravillas que nunca antes hemos visto.**

Descubra lo que Él quiere que usted haga y comience a hacerlo. Si no está seguro de dónde comenzar, el mejor lugar para comenzar es en su iglesia local. Observemos lo que nos dicen las Escrituras sobre Jesús: *"Pues ni aun el Hijo del Hombre vino para que le sirvan, sino para servir a otros y para dar su vida..."* (Mateo 20:28, NTV).

Dios promete que si buscamos primero su reino y su justicia, cualquier cosa que necesitemos nos será añadida (véase Mateo 6:33). Dios *quiere* que usted sea sanado. Y más importante, Dios *lo quiere a usted*. Él quiere su corazón y su vida, y quiere usarlo para su gloria.

## El tiempo es ahora

Estamos viviendo en uno de los tiempos más grandes de la historia humana; estamos rodeados de señales, y el tiempo para el mayor mover del Espíritu de Dios que el mundo haya conocido jamás. Dios promete visitarnos en estos últimos tiempos, y este mover de Dios será una demostración al mundo de lo asombroso que es realmente nuestro Dios. Veremos milagros, señales y maravillas que nunca antes hemos visto; la gloria de Dios será demostrada en mayor medida que nunca.

> *Levántate, resplandece; porque ha venido tu luz, y la gloria de Jehová ha nacido sobre ti. Porque he aquí que tinieblas cubrirán la tierra, y oscuridad las naciones; mas sobre ti amanecerá Jehová, y sobre ti será vista su gloria. Y andarán las naciones a tu luz, y los reyes al resplandor de tu nacimiento. Alza tus ojos alrededor y mira, todos éstos se han*

*juntado, vinieron a ti; tus hijos vendrán de lejos, y tus hijas serán llevadas en brazos. Entonces verás, y resplandecerás; se maravillará y ensanchará tu corazón, porque se haya vuelto a ti la multitud del mar, y las riquezas de las naciones hayan venido a ti.* (Isaías 60:1-5)

Prepárese, prepárese, ¡prepárese! Esté listo para ver y ser parte de este gran avivamiento. Haga planes, porque Dios tiene un plan para usted.

# CAPÍTULO 17

# Paso Once: Haga la oración de fe

*"Y la oración de fe salvará al enfermo,*
*y el Señor lo levantará; y si hubiere cometido pecados,*
*le serán perdonados".*
—Santiago 5:15

John Wesley dijo: "Dios no hace nada sino en respuesta a la oración".[3] No es solamente la oración, sino *la oración de fe* la que obtiene resultados. Se encuentran muchos tipos de oraciones en el Nuevo Testamento. Efesios 6:18 dice: *"Oren en el Espíritu en todo momento,* **con peticiones y ruegos.** *Manténganse alerta y perseveren en oración por todos los santos"* (NVI, énfasis añadido).

Afortunadamente, cuando yo era un paciente en el INS teníamos a la iglesia como familia y a buenos amigos que sabían cómo hacer la oración de fe; sabían cómo orar en fe y cómo orar según la Palabra de Dios. Hay muchos tipos de oración, y creo que cada tipo tiene su propio conjunto de leyes espirituales. Se parece mucho a los deportes. Fútbol, beisbol, y baloncesto son todos ellos deportes, pero cada uno tiene sus propias reglas y jugadas. Lo mismo es cierto de la oración, y a veces nos metemos en problemas cuando mezclamos las reglas. Por ejemplo, en el huerto de Getsemaní, Jesús hizo la oración de consagración; esta oración se encuentra en tres de los Evangelios. Veamos cómo lo expresa la Nueva Traducción Viviente en el libro de Mateo:

---

3. E. M. Bounds, *Power through Prayer* (New Kensington, PA: Whitaker House, 1982), 117.

*Él se adelantó un poco más y se inclinó rostro en tierra mientras oraba: «¡Padre mío! Si es posible, que pase de mí esta copa de sufrimiento. Sin embargo, quiero que se haga tu voluntad, no la mía».* (Mateo 26:39, NTV)

Hay mucho malentendido con respecto a esta oración. Se ha desarrollado la tradición de hacer la oración de consagración cuando se ora por los enfermos, pero eso es hacer un mal uso de este tipo de oración. Para aclarar cualquier malentendido, permítame asegurar que esta fue la única vez en el Nuevo Testamento en que Jesús hizo esta oración en particular, y nunca la hizo cuando sanaba a los enfermos.

Otra cosa a observar es que cuando Jesús y los apóstoles oraban por los enfermos, usaban su autoridad; no pedían a Dios que sanara al enfermo. A continuación tenemos algunos ejemplos.

## Orar con autoridad

### El hombre de la mano seca

*Jesús entró de nuevo en la sinagoga y vio a un hombre que tenía una mano deforme. Como era el día de descanso, los enemigos de Jesús lo vigilaban de cerca. Si sanaba la mano del hombre, tenían pensado acusarlo por trabajar en el día de descanso. Jesús le dijo al hombre con la mano deforme: «Ven y ponte de pie frente a todos». Luego se dirigió a sus acusadores y les preguntó: «¿Permite la ley hacer buenas acciones en el día de descanso o es un día para hacer el mal? ¿Es un día para salvar la vida o para destruirla?». Pero ellos no quisieron contestarle. Jesús miró con enojo a los que lo rodeaban, profundamente entristecido por la dureza de su corazón. Entonces le dijo al hombre: «Extiende la mano». Así que el hombre la extendió, ¡y la mano quedó restaurada!*

(Marcos 3:1–5, NTV)

Notemos que Jesús no oró a Dios para que sanara al hombre y dijo: "Si es tu voluntad". En la Biblia, nunca encontraremos que se hace la oración de consagración al orar por los enfermos. Veamos otro ejemplo.

### El paralítico

*Jesús subió a una barca y regresó al otro lado del lago, a su propia ciudad. Unos hombres le llevaron a un paralítico en una camilla. Al ver la fe de ellos, Jesús le dijo al paralítico: «¡Ánimo, hijo mío! Tus pecados son perdonados». Entonces algunos de los maestros de la ley religiosa decían en su interior: «¡Es una blasfemia! ¿Acaso se cree que es Dios?». Jesús sabía lo que ellos estaban pensando, así que les preguntó: «¿Por qué tienen pensamientos tan malvados en el corazón? ¿Qué es más fácil decir: "Tus pecados son perdonados" o "Ponte de pie y camina"? Así que les demostraré que el Hijo del Hombre tiene autoridad en la tierra para perdonar pecados». Entonces Jesús miró al paralítico y dijo: «¡Ponte de pie, toma tu camilla y vete a tu casa!».¡El hombre se levantó de un salto y se fue a su casa!* (Mateo 9:1–7, NTV)

De nuevo, Jesús no pidió a Dios que sanara al hombre ni recurrió a su afirmación: "Si es tu voluntad".

### Los ciegos

*Cuando Jesús salió de la casa de la niña, lo siguieron dos hombres ciegos, quienes gritaban: «¡Hijo de David, ten compasión de nosotros!». Entraron directamente a la casa donde Jesús se hospedaba, y él les preguntó: —¿Creen que puedo*

*darles la vista?* —*Sí, Señor* —*le dijeron*—, *lo creemos.*
*Entonces él les tocó los ojos y dijo:* —*Debido a su fe, así se*
*hará.*                                        (Mateo 9:27–29, NTV)

Puede que diga: "Bueno, era Jesús. Seguro que los apóstoles
oraban de modo distinto". Veamos un ejemplo de cómo oraban
en fe los apóstoles.

## Los apóstoles sanan

*Un día subían Pedro y Juan al templo a las tres de la tar-*
*de, que es la hora de la oración. Junto a la puerta llamada*
*Hermosa había un hombre lisiado de nacimiento, al que to-*
*dos los días dejaban allí para que pidiera limosna a los que*
*entraban en el templo. Cuando éste vio que Pedro y Juan es-*
*taban por entrar, les pidió limosna. Pedro, con Juan, mirán-*
*dolo fijamente, le dijo:*—*¡Míranos! El hombre fijó en ellos*
*la mirada, esperando recibir algo.* —*No tengo plata ni oro*
—*declaró Pedro*—, *pero lo que tengo te doy. En el nombre*
*de Jesucristo de Nazaret, ¡levántate y anda! Y tomándolo*
*por la mano derecha, lo levantó. Al instante los pies y los to-*
*billos del hombre cobraron fuerza. De un salto se puso en pie*
*y comenzó a caminar. Luego entró con ellos en el templo con*
*sus propios pies, saltando y alabando a Dios.*

(Hechos 3:1–8, NVI, énfasis añadido)

La oración de consagración ha de hacerse siempre que no
esté seguro de la voluntad de Dios. Por ejemplo, puede hacer
esta oración con respecto a qué profesión comenzar, con quién
casarse, o dónde mudarse a vivir; y uno de los momentos más
importantes para hacer la oración de consagración es si usted
cree que el Señor le está llamando al ministerio.

La razón por la que es peligroso orar "si es tu voluntad" al orar por los enfermos es que cada tipo de oración requiere fe. La voluntad de Dios sobre la sanidad está clara a lo largo de las páginas de la Biblia; por lo tanto, si usted ora "si es tu voluntad" al tratar la enfermedad, está diciendo en efecto que no sabe cuál es la voluntad de Dios con respecto a la sanidad. Entonces ¿cómo podría estar usted en fe? La Biblia dice que la única manera de agradar a Dios es por la fe (véase Hebreos 11:6). No mezcle y empareje la fe con la oración de consagración.

## Oración ofrecida en fe

La oración más común para sanidad es la *"oración de fe"* (Santiago 5:15).

Santiago nos dijo que si una persona está sufriendo, debería orar; debería llamar a los ancianos (el pastor, diáconos y/u otros líderes espirituales) para que vayan y oren en fe:

*¿Está enfermo alguno de ustedes? Haga llamar a los ancia- nos de la iglesia para que oren por él y lo unjan con aceite en el nombre del Señor.* (versículo 14, NVI)

Después, Santiago nos da esta seguridad:

*Y la oración de fe salvará al enfermo, y el Señor lo levanta- rá.* (versículo 15)

Santiago dijo que la oración de fe sanará al enfermo; no dijo que *puede* que sane al enfermo, sino que *sanará* al enfermo. Además dijo:

*Y si hubiere cometido pecados, le serán perdonados.* (versículo 15)

Cuando nos acercamos a Dios, recibimos sus beneficios; per- dón y sanidad. Cuando recibimos de Él, Él no quiere que entre condenación en nuestros pensamientos, porque la condenación no viene de Dios.

*Porque no envió Dios a su Hijo al mundo para condenar al mundo, sino para que el mundo sea salvo por él.* (Juan 3:17)

Satanás es el acusador de los hermanos (véase Apocalipsis 12:10); sin embargo, *"si confesamos nuestros pecados, él es fiel y justo para perdonar nuestros pecados, y limpiarnos de toda maldad"* (1 Juan 1:9). La sangre de Jesús nos limpia y nos sana. Somos limpios y justos ante Dios.

*Ahora, pues, ninguna condenación hay para los que están en Cristo Jesús, los que no andan conforme a la carne, sino conforme al Espíritu.* (Romanos 8:1)

[El Señor dice]: *Yo, yo soy el que borro tus rebeliones por amor de mí mismo, y no me acordaré de tus pecados.*
(Isaías 43:25)

Puede que el enemigo intente sacar otra vez esos mismos pensamientos de acusación y, si lo hace, usted dice: "Ya he confesado eso, y en el nombre de Jesús, estoy cubierto por la sangre de Jesús. Soy la justicia de Dios en Cristo Jesús" (véase 2 Corintios 5:21).

El enemigo intentará que se sienta usted indigno, inadecuado e insuficiente; sin embargo, Jesucristo no solo ha comprado nuestra redención, sino que también nos ha hecho aptos para recibir los beneficios de nuestra redención.

*Con gozo dando gracias al Padre que nos hizo aptos para participar de la herencia de los santos en luz.*
(Colosenses 1:12)

Usted y yo no podíamos calificarnos por nuestros propios méritos, y por eso Dios Padre envió a su Hijo Jesús. Jesús es el único que pudo ser apto, y como Él lo fue, ¡nosotros también lo somos!

*¡Dios quiere que recibamos todo lo que Él proveyó para nosotros en Cristo Jesús!*

Recuerde que Jesús sanó a pecadores. En algunos casos individuales, su pecado había abierto la puerta a la enfermedad, pero su pecado no pudo evitar que recibieran sanidad. ¿Por qué? ¡Porque la gracia es siempre mayor que el pecado!

Las misericordias del Señor son nuevas cada mañana (véase Lamentaciones 3:22–23). ¡La sanidad es una misericordia! ¡Dios quiere que recibamos todo lo que Él proveyó para nosotros en Cristo Jesús!

En el momento en que haga la oración de fe, crea que recibe su sanidad. La palabra *recibir* implica "tomar"; puede usted *tomar* su sanidad porque le pertenece, y después siga su camino dando gracias a Dios por ella.

## Cómo hacer la oración de fe

Aquí tenemos algunos pasos para ayudarle a hacer la oración de fe.

1. Antes de orar, tome tiempo para meditar en las promesas de sanidad a fin de establecer un fundamento para su fe.

2. Examine su corazón: ponga su corazón en paz con Dios y con otros.

3. Medite en las promesas hasta que pueda "verse" a usted mismo sanado.

4.  Decida un lugar/momento para liberar su fe y creer que recibe su sanidad, como un servicio de sanidad o la oración con los ancianos de su iglesia.

5.  En el momento que ore, crea que recibe, o tome su sanidad.

6.  Espere un cambio en su cuerpo.

7.  Dé gracias al Señor por sanarle y anote la fecha/momento en que creyó que recibió su sanidad.

CAPÍTULO 18

# Paso Doce:
# Fe, medicina y médicos:
# afirme su fuente suprema

*"En el año treinta y nueve de su reinado,*
*Asa enfermó gravemente de los pies,*
*y en su enfermedad no buscó a Jehová, sino a los médicos.*
*Y durmió Asa con sus padres,*
*y murió en el año cuarenta y uno de su reinado".*
—2 Crónicas 16:12–13

Hay personas que confían únicamente en médicos y en la medicina para la sanidad de sus cuerpos, y pasan incontables horas investigando enfermedades, especialistas y remedios homeopáticos. Ahora, con tanta información disponible en la Internet, es muy fácil que las personas se centren en obtener conocimiento médico y olviden su fuente suprema: Dios.

Como contraste, hay otros que sienten que ir a ver a un médico o tomar medicinas muestra falta de fe, y se niegan a procurar atención médica, evitan el seguro de salud y descuidan el cuidado adecuado de sus cuerpos. Se sitúan a sí mismos y a sus familias en gran riesgo y peligro.

### ¿Obran en conjunto fe, médicos y medicina?

¿Cómo obran en conjunto fe, médicos y medicina? ¿Qué dice la Biblia sobre el tema?

Dios no se opone a los médicos o la medicina, y Jesús dijo: "Los enfermos necesitan médico" (véase, por ejemplo, Marcos 2:17). Si usted está enfermo, entonces necesita a un médico.

180

Jesucristo es el Gran Médico; sin embargo, médicos y medicina pueden servir como un "ministerio de ayuda" natural (véase 1 Corintios 12:28) para el ministerio de sanidad de Jesús.

El verdadero asunto implica confianza. ¿Quién es su fuente? ¿En quién o qué pone usted su confianza?

Si su confianza está únicamente en el hombre, las Escrituras dicen que usted es maldito:

> *¡Maldito el hombre que confía en el hombre! ¡Maldito el que se apoya en su propia fuerza y aparta su corazón del Señor!*
>
> (Jeremías 17:5, NVI)

Dios nunca quiso que pusiéramos nuestra confianza en el hombre. Gracias a Dios por los avances médicos que han ayudado a tantas personas a vivir más tiempo; pero ningún hombre ni medicina puede sanarle, sino solamente ayudar al cuerpo en el proceso de curación.

El rey Asa murió porque *"no buscó a Jehová, sino a los médicos"*. Su confianza estaba en el lugar equivocado; su confianza no estaba en el Señor. El peligro es poner nuestra fe y completa confianza en el hombre o la ciencia en lugar de poner toda nuestra confianza en el Señor.

> *Bendito el hombre que confía en el Señor.*
>
> (Jeremías 17:7, NVI)

## La cuestión de la medicina

Una pregunta que me hacen con mucha frecuencia es: "Si soy sanado, ¿debería dejar de tomar mi medicina?". Si es usted sanado, entonces visite a su médico para que él confirme su sanidad, y deje que su médico tome la decisión de que usted ya no necesita tomar medicación.

No tomar su medicina no es una señal de que tiene o no una gran fe. Su fe no está en la medicina, está en Dios y arraigada en su Palabra. Desechar su medicina podría ser una necedad en lugar de fe. Permita que el médico le haga análisis y determine si su cuerpo está curado, y entonces será un gran testimonio para él y también para otros.

> *Cuando yo tomaba medicinas, el Señor nos dirigió a mi familia y a mí a orar por cada pastilla, inyección y vía, y también por cada procedimiento.*

Jesús les dijo a los diez leprosos que fueran a mostrase a los sacerdotes. En el Antiguo Testamento, un sacerdote ocupaba la posición de un médico en cuanto a declarar las cosas puras o impuras, y nadie iba a mostrase al sacerdote a menos que estuviera sano. Los diez leprosos emprendieron camino hacia los sacerdotes en fe, y mientras iban fueron curados (véase Lucas 17:11–14).

Cuando yo tomaba medicinas, el Señor nos dirigió a mi familia y a mí a orar por cada pastilla, inyección y vía, y también por cada procedimiento. Orábamos: "Esto hará bien y no mal, en el nombre de Jesús". Nuestra confianza estaba en el Señor.

## ¿Qué de la cirugía?

Una pregunta que la gente hace a menudo es: "Si me hacen cirugía o recibo quimio, ¿cómo se lleva Dios la gloria?".

Se requiere fe para creer la Palabra de Dios, y se requiere fe para que un médico te abra cortándote con un bisturí y creer que todo saldrá bien. En ningún lugar dice la Biblia que si usted obtiene atención médica es que no tiene fe. La Biblia no está en contra de tomar las cosas de este mundo y utilizarlas de modo constructivo. Una versión de Proverbios 18:9 dice que quien no utiliza sus empresas para curarse, es hermano de quien comete suicidio.

Si le hacen una cirugía, no significa que no esté usted en fe; puede creer que la cirugía irá bien, que el Señor dirigirá las manos del cirujano, que no habrá ninguna complicación adversa, y que *"sus heridas sanarán con rapidez"* (Isaías 58:8, NTV).

He conocido a personas que tenían temor a ir al médico porque tenían miedo a escuchar lo que el médico pudiera decirles. ¿Por qué no ir al médico y descubrir lo que tiene para así poder usar su fe contra ello? *"Porque no nos ha dado Dios espíritu de cobardía, sino de poder, de amor y de dominio propio"* (2 Timoteo 1:7).

## Esté preparado

Sin embargo, si tienen que hacerle un análisis, una prueba o rayos-X, vaya espiritualmente preparado. Antes de ir, que su corazón ya esté fijado y establecido con respecto a lo que cree.

*No temerá recibir malas noticias; su corazón estará firme, confiado en el Señor.* (Salmos 112:7)

Su fe no descansa en lo que diga el médico o lo que revelen los análisis, sino en lo que Dios dijo. Mantenga su confianza en Dios, no sea movido por una mala noticia, y sepa que la Palabra de Dios no regresará vacía sino que cumplirá aquello que fue enviada a hacer (véase Isaías 55:11).

> **Su fe no descansa en lo que diga el médico o lo que revelen los análisis, sino en lo que Dios dijo.**

Crea en Dios primero. Siga la dirección del Señor, y Él guiará sus pasos. Ha habido veces en que el Señor me ha indicado que vaya al médico y tome medicinas, y otras veces en que Él me ha dicho que no vaya sino que esté firme en su Palabra o que tome la Comunión y reclame que fui sanado. Cada vez que seguí sus instrucciones, fui sanado. Al final, si su confianza está en el Señor, Él se llevará la gloria.

## Buen consejo

+ Cuando escoja a un médico, escoja uno que sea experimentado y positivo con usted, incluso si su pronóstico parece desagradable en lo natural. Un médico "cristiano" en realidad puede ser más conflictivo para su fe si está en desacuerdo con su postura sobre la sanidad.

+ Cuando hable con el médico, háblele según sus términos. Describa sus síntomas, y tenga cuidado con usar terminología espiritual con la que puede que él no esté familiarizado o que no tenga en consideración.

+ Recuerde que los médicos están formados para mirar los hechos médicos, pero la Palabra de Dios es la verdad.

+ Esté atento a los médicos que usan temor, intimidación o presión. Aunque Dios no nos ha dado un espíritu de temor y no es movido por la presión, usted sí tiene voz a lo hora de elegir a un médico; es su derecho y por lo general sabio buscar una segunda opinión.

+ Ponga todas sus opciones delante del Señor, incluidas las que puede que no le gusten particularmente, y esté abierto a cualquier dirección que el Señor le muestre.

+ Siga la guía y las instrucciones del Espíritu Santo. De nuevo, haga lo que Él le diga.

+ En cualquier curso de tratamiento médico que decida (cirugía, medicina, etc.), tome su decisión en fe y proceda en fe.

+ Si recibe una mala noticia, vaya de inmediato ante la presencia del Señor. Ponga música inspiracional; adore al Señor y recuerde la fidelidad de Dios. Recuérdese a usted mismo lo que Dios le ha dicho y lo que Él ha prometido en su Palabra.

+ Antes de entrar a un análisis, rayos-X o una cita con el médico, pase tiempo orando en el Espíritu. Sepa lo que cree, basado en la Palabra de Dios, a pesar de cualquier cosa que oiga, sienta o vea.

+ Crea lo que Dios dice por encima de lo que diga el hombre. *"No temas, cree solamente"* (Marcos 5:36).

## Dios ha preparado bendiciones para usted

Dios le ama con una profundidad que usted ni siquiera puede imaginar; le amó tanto, que Jesús estuvo dispuesto a morir una muerte cruel en una cruz para comprar su salvación eterna y su sanidad. Dios no es un capataz difícil; Él quiere que usted esté bien y sin dolor y enfermedad mucho más de lo que usted quiere esas cosas para sí mismo.

> *Dios quiere que usted esté bien y sin dolor y enfermedad mucho más de lo que usted quiere esas cosas para sí mismo.*

Imagínese en una gran fiesta donde las mesas están puestas con alimentos exquisitos de todo tipo; esos alimentos son bendiciones que Dios ha preparado para usted, y le insta a que se siente a la mesa que Él ha preparado para usted: precisamente en presencia de sus enemigos (véase Salmos 23:5). Deléitese a su mesa. *"Prueben y vean que el Señor es bueno"* (Salmos 34:8, NVI). Regocíjese en su amor y reciba su sanidad.

Viva mucho tiempo y disfrute de la bondad de Dios.

PARTE III

# Reciba su sanidad

# Instrucciones piadosas
## para la sanidad[4]

A fin de entender estas instrucciones espirituales, ayuda si usted ha recibido a Jesús como su Señor y Salvador, un proceso que denominamos ser "nacido de nuevo" porque hace que su espíritu sea renacido en Cristo (véase Juan 3:1–18). Además, ayuda orar y pedir a Dios que le bautice con el Espíritu Santo, para que el Señor pueda iluminar principios espirituales para usted de una manera que pueda entenderlos (véase, por ejemplo, Marcos 1:7–8; Hechos 1:4–5; Hechos 2:1–4; Hechos 19:4–6).

Independientemente de cómo se sienta guiado a proceder para su sanidad mientras cree para que se produzca la intervención milagrosa de Dios, ya sea mediante medicina, terapia, cirugía, o una combinación de cosas, como yo hice, use estos principios, pues son necesarios para producir victoria.

1. Hay un gran poder en el nombre de Jesús, así que declárelo con frecuencia. Dígalo en amor; dígalo para pedir ayuda; dígalo como consuelo; declárelo para obtener poder; dígalo para estar firme contra el dolor, la duda y el temor; y use su autoridad en oración (véase, por ejemplo, Juan 14:12–14).

2. La brecha entre el hombre y Dios fue cerrada por la sangre que Jesús derramó en la cruz para el perdón de

---

4. Estas instrucciones para la sanidad están basadas en una lista que me dieron Bob y Betty Anne Howell cuando yo estaba en el hospital, la cual he adaptado y ampliado.

nuestros pecados. Fue esa sangre lo que permite a los creyentes entrar en la presencia del Señor. Hay un poder tremendo en el nombre de Jesús y en su sangre. Invocar la sangre de Jesús llama a Dios a intervenir y hace huir al diablo. La sangre de Jesús también proporciona protección, por eso ore por el poder de la sangre protectora de Jesús sobre usted mismo, su familia, su hogar o su habitación del hospital para limpiarlo de fuerzas demoníacas.

3. Cuando reciba el bautismo del Espíritu Santo, recibirá un lenguaje de oración nuevo (véase, por ejemplo, Marcos 16:17). La Biblia dice que orar en el Espíritu le edificará, así que hágalo a menudo, incluso si no tiene ganas (véase, por ejemplo, Efesios 6:18; Judas 1:20). Use siempre su lenguaje de oración cuando esté batallando contra el pánico o la depresión.

4. Haga una oración "trinchera". Esta oración es una promesa al Señor de que seguirá su plan para su vida y no el propio. Dígale a Dios que usted irá donde Él quiere que vaya y hará lo que Él le pida que haga, signifique eso predicar el evangelio o simplemente hablar a otros de su bondad. Dígale que su vida le pertenece a Él.

5. A veces pasamos tanto tiempo pidiendo ayuda a Dios que olvidamos estar quietos y escuchar lo que Él dice. Pida al Señor que le dé una palabra *rhema* con respecto a su situación, que es una palabra presente de Dios que Él hablará con una voz dulce y suave al interior de su ser. Una palabra *rhema* estará de acuerdo con la Biblia siempre. Para recibir esta palabra, ayuda estar quieto y callado... y escuchar. Cuando reciba las instrucciones de

Él, puede aferrarse a ellas y saber con seguridad la voluntad de Dios.

6. La confianza en el Señor le llevará a un lugar de descanso en medio de la tormenta que ruge a su alrededor. Permanecer en ese descanso requiere trabajo diligente siendo coherente, lleno de esperanza y elevadas expectativas.

7. Cuando familiares o amigos le visiten, en lugar de usar el tiempo para socializar, pídales que le lean. Tenga a mano cosa que edifiquen su fe. Puede pedirles que le lean la Biblia, versículos sobre sanidad, enseñanzas de fe, o cualquier otra cosa que sea positiva, alentadora y edificante.

8. Escuche la Biblia, en CD o cinta, enseñanzas sobre sanidad, y música de alabanza tanto tiempo como sea posible. Incluso cuando esté ocupado haciendo otras cosas, escuche la Palabra de Dios. Podría ponerse auriculares para que pueda irse a dormir escuchando la Biblia, y eso le ayudará a ponerla en su corazón sin distracciones.

9. Siempre que se duerma, ya sea un sueño natural o inducido por medicamentos, ponga en manos del Señor su espíritu, alma y cuerpo.

10. Pase su tiempo dando gracias a Dios, y no desperdicie tiempo hablándole al diablo; sin embargo, resista al diablo (véase Santiago 4:7; 1 Pedro 5:8-9) y ordénele que se vaya siempre que el Señor le dirija a hacerlo.

11. La sanidad no cae del cielo; comienza en su interior y después sale al exterior. Cuando ore, no mencione

repetidamente el problema o le pregunte a Dios por qué tiene usted esa enfermedad; en cambio, tenga confianza en lo que Dios ha hecho por usted y ore por resultados. Hable a la montaña de enfermedad y ordénele que sea echada al mar (véase, por ejemplo, Mateo 21:21–22); además, algo sucede cada vez que suben a Dios oraciones positivas, de modo que invite a que cristianos fuertes hagan oraciones de sanidad.

12. Hay un principio espiritual que dice que usted recibirá lo que dé (véase Lucas 6:38); por lo tanto, ore por otras personas; imponga manos sobre los enfermos, y *ambos* se recuperarán.

13. Ame a Jesús cada día más. Desarrolle una relación íntima con Él de modo que Él sea su amigo y compañero constante. A causa de su sacrificio en la cruz, usted tiene un camino para salir de su situación, así que sea agradecido y dele gracias con frecuencia. En el peor escenario, si usted no recibe la manifestación de sus oraciones, usted irá a estar con Él. Suceda lo que suceda, Jesús debería ser su primer amor.

14. La Biblia promete que la Palabra de Dios no regresará vacía (véase Isaías 55:11) y que la alabanza alejará la desesperación (véase Isaías 61:3); por lo tanto, memorice versículos y cante cantos ungidos, porque Jesús levantará su corazón.

15. Escuche lo que médicos y enfermeras digan, siendo respetuoso y obediente, pero no acepte palabras negativas en su corazón y las crea. Nunca olvide que usted está bajo

una autoridad mayor, la autoridad de Dios, y que no hay nada imposible para Él.

16. Sea lo suficientemente sabio para no empujarse a usted mismo demasiado o con mucha rapidez. Si está recibiendo quimioterapia o algún otro tratamiento intenso, o batallando con el dolor, aminore la marcha. Use sus periodos de energía y estado de alerta para atender a la Palabra de Dios: leyéndola, declarándola y ejercitando su fe mediante la acción. Está bien descansar su cuerpo y recuperarse; sin embargo, no se permita volverse pasivo y dejar de luchar. Cuando se esté recuperando, duerma o descanse. Cuando esté descansando, puede poner un CD de música de alabanza y adoración llena de fe o de la Escritura.

17. Haga planes, con la dirección del Señor, de lo que va a hacer cuando su batalla contra la enfermedad termine y esté totalmente bien. Imagínese llevando a cabo esos planes, y permita que la fe y la esperanza dibujen un cuadro de un futuro maravilloso.

18. No deje que el pasado le persiga. Al enemigo le gustaría que usted quedara atrapado en la trampa de pensar lo que podría haber sido si no se hubiera enfermado, pero no quede enredado en esa trampa. En cambio, deje que pasen las cosas viejas y emociónese por las cosas nuevas que Dios tiene preparadas para usted.

19. La Biblia nos dice que nos pongamos toda la armadura de Dios. Estudie Efesios 6:10–18 y, por fe, vístase diariamente con el cinto de la verdad y la coraza de justicia; vista sus pies con la preparación del evangelio de la paz;

póngase el casco de la salvación y tome el escudo de la fe y la espada del Espíritu, que es la Palabra de Dios.

20. Lo que dice es lo que obtiene, así que vigile cada palabra que salga de su boca. Hay gran poder en las palabras, de modo que "prediga" su victoria, llamándola a existir mientras cita la Palabra de Dios.

21. Es crucial que esté usted en paz con los demás y camine en amor. Pida al Señor que le revele cualquier falta de perdón, amargura o resentimiento que pueda estar oculto en su corazón. Esas cosas son más mortales que cualquier enfermedad, así que confíeselas como pecado y arrepiéntase ante Dios y ante otros.

22. Presente su caso a Dios. Recuérdele que su familia le necesita espiritualmente, emocionalmente, físicamente y financieramente. Dígale que usted quiere ver crecer a sus hijos y madurar en el Señor, y que es usted un beneficio para el cuerpo de Cristo.

23. Asista a reuniones ungidas siempre que tenga oportunidad. Señales y maravillas siguen a la enseñanza ungida de la Palabra de Dios y, a menudo, los dones del Espíritu de Dios están presentes para sanar.

24. Llame a grupos de oración y pídales que oren con usted. Comience con grupos de oración en su iglesia o comunidad, pero no se detenga ahí. Llame también a líneas nacionales de oración, como *El Club 700*, Oral Roberts Prayer Tower, y otras. No llame a personas y pida oración si ellas no creen que la sanidad está prometida en la Biblia.

25. Tome la Comunión usted solo o con otros. La Biblia dice: *"Por sus heridas ustedes han sido sanados"* (1 Pedro 2:24, NVI). Eso significa que el cuerpo de Jesús fue partido para obtener su sanidad. Tomar la Comunión es un acto de pacto y le recuerda a Dios la sangre derramada y el cuerpo quebrantado de Jesús, que pagó el precio de su sanidad. Arrepiéntase siempre de cualquier pecado conocido antes de tomar la Comunión, y pida también al Señor que le revele cualquier pecado oculto en su vida para que pueda confesarlo y arrepentirse.

26. Diezmar es otro acto de pacto, así que asegúrese de diezmar el diez por ciento de sus ingresos al Señor. La Biblia dice que si diezmamos, Dios reprenderá al devorador por nosotros (véase Malaquías 3:11). La enfermedad no viene de Dios; viene del devorador: Satanás. Diezmar activa a Dios por nosotros.

27. Muchas personas se sorprenden al saber que dos de los principales pecados que Dios aborrece son la murmuración y la queja. Esos pecados son tan mortales en la actualidad como lo eran cuando Moisés sacó a Israel de Egipto. Si no está seguro cómo responde Dios a la murmuración y la queja, lea el relato bíblico en Éxodo del viaje de Israel por el desierto. No sea negativo o culpe a Dios de lo que ha sucedido. La murmuración y la autocompasión destruirán su fe y detendrán las respuestas a sus oraciones; en cambio, esté firme y agradecido, confiando en su Padre más de lo que confía en los síntomas, el diagnóstico o el pronóstico.

# Confesiones de sanidad: Versículos de la Escritura sobre sanidad

*Yo soy el Señor, quien los sana.* (ÉXODO 15:26, NTV).

*Ciertamente él cargó con nuestras enfermedades y soportó nuestros dolores.* (Isaías 53:4, NVI)

*Mas él herido fue por nuestras rebeliones, molido por nuestros pecados; el castigo de nuestra paz fue sobre él, y por su llaga fuimos nosotros curados.* (Isaías 53:5)

*Y cuando llegó la noche, trajeron a él muchos endemoniados; y con la palabra echó fuera a los demonios, y sanó a todos los enfermos; para que se cumpliese lo dicho por el profeta Isaías, cuando dijo: El mismo tomó nuestras enfermedades, y llevó nuestras dolencias.* (Mateo 8:16–17)

*Quien llevó él mismo [Jesús] nuestros pecados en su cuerpo sobre el madero, para que nosotros, estando muertos a los pecados, vivamos a la justicia; y por cuya herida fuisteis sanados.* (1 Pedro 2:24)

*Cristo nos redimió de la maldición de la ley, hecho por nosotros maldición (porque está escrito: Maldito todo el que es colgado en un madero, para que en Cristo Jesús la bendición de Abraham alcanzase a los gentiles, a fin de que por la fe recibiésemos la promesa del Espíritu.* (Gálatas 3:13–14)

*Alaba, alma mía, al Señor, y no olvides ninguno de sus beneficios. Él perdona todos tus pecados y sana todas tus dolencias.* (Salmos 103:2–3)

*Mas yo haré venir sanidad para ti, y sanaré tus heridas, dice Jehová.* (Jeremías 30:17)

*Para los hombres es imposible, mas para Dios, no; porque todas las cosas son posibles para Dios.* (Marcos 10:27)

*Hijo mío, está atento a mis palabras; inclina tu oído a mis razones. No se aparten de tus ojos; guárdalas en medio de tu corazón; porque son vida a los que las hallan, y medicina a todo su cuerpo.* (Proverbios 4:20–22)

*Así será mi palabra que sale de mi boca; no volverá a mí vacía, sino que hará lo que yo quiero, y será prosperada en aquello para que la envié.* (Isaías 55:11)

*Yo estoy alerta para que se cumpla mi palabra.* (Jeremías 1:12, NVI)

*Porque todas las promesas de Dios son en él Sí, y en él Amén, por medio de nosotros, para la gloria de Dios.* (2 Corintios 1:20)

*Envió su palabra, y los sanó, y los libró de su ruina.* (Salmos 107:20)

*Entonces nacerá tu luz como el alba, y tu salvación se dejará ver pronto; e irá tu justicia delante de ti, y la gloria de Jehová será tu retaguardia.* (Isaías 58:8)

*Hoy pongo al cielo y a la tierra por testigos contra ti, de que te he dado a elegir entre la vida y la muerte, entre la bendición y la maldición. Elige, pues, la vida, para que vivan tú y tus descendientes. Ama al Señor tu Dios, obedécelo y sé fiel a él, porque de él depende tu vida, y por él vivirás mucho tiempo en el territorio que juró dar a tus antepasados Abraham, Isaac y Jacob.* (Deuteronomio 30:19–20, NVI)

*Nunca se apartará de tu boca este libro de la ley, sino que de día y de noche meditarás en él, para que guardes y hagas conforme a todo lo que en él está escrito; porque entonces harás prosperar tu camino, y todo te saldrá bien. Mira que te mando que te esfuerces y seas valiente; no temas ni desmayes, porque Jehová tu Dios estará contigo en dondequiera que vayas.* (Josué 1:8–9)

*No moriré; sino que viviré para contar lo que hizo el Señor.* (Salmos 118:17, NTV)

*Adora al Señor tu Dios, y él bendecirá tu pan y tu agua. Yo apartaré de ustedes toda enfermedad. En tu país ninguna mujer abortará ni será estéril. ¡Yo te concederé larga vida!* (Éxodo 23:25–26, NVI)

*El Señor recorre con su mirada toda la tierra, y está listo para ayudar a quienes le son fieles.* (2 Crónicas 16:9, NVI)

*Pero los que buscan a Jehová no tendrán falta de ningún bien.* (Salmos 34:10)

*Y si alguno de vosotros tiene falta de sabiduría, pídala a Dios, el cual da a todos abundantemente y sin reproche, y le será dada.* (Santiago 1:5)

*No te sobrevendrá mal, ni plaga tocará tu morada.... Por cuanto en mí ha puesto su amor, yo también lo libraré; le pondré en alto, por cuanto ha conocido mi nombre. Me invocará, y yo le responderé; con él estaré yo en la angustia; lo libraré y le glorificaré. Lo saciaré de larga vida, y le mostraré mi salvación.* (Salmos 91:10, 14–16)

*Toda buena dádiva y todo don perfecto desciende de lo alto, del Padre de las luces, en el cual no hay mudanza, ni sombra de variación.* (Santiago 1:17)

*Pues si ustedes, aun siendo malos, saben dar cosas buenas a sus hijos, ¡cuánto más su Padre que está en el cielo dará cosas buenas a los que le pidan!* (Mateo 7:11, NVI)

*El que no escatimó ni a su propio Hijo, sino que lo entregó por todos nosotros, ¿cómo no nos dará también con él todas las cosas?* (Romanos 8:32)

*Cómo Dios ungió con el Espíritu Santo y con poder a Jesús de Nazaret, y cómo éste anduvo haciendo bienes y sanando a todos los oprimidos por el diablo, porque Dios estaba con él.* (Hechos 10:38)

*El ladrón no viene sino para hurtar y matar y destruir; yo he venido para que tengan vida, y para que la tengan en abundancia.*

(Juan 10:10)

*Y recorrió Jesús toda Galilea, enseñando en las sinagogas de ellos, y predicando el evangelio del reino, y sanando toda enfermedad y toda dolencia en el pueblo. Y se difundió su fama por toda Siria; y le trajeron todos los que tenían dolencias, los afligidos por diversas enfermedades y tormentos, los endemoniados, lunáticos y paralíticos; y los sanó.*

(Mateo 4:23–24)

*Y he aquí vino un leproso y se postró ante él [Jesús], diciendo: Señor, si quieres, puedes limpiarme. Jesús extendió la mano y le tocó, diciendo: Quiero; sé limpio. Y al instante su lepra desapareció.*

(Mateo 8:2–3)

*Recorría Jesús todas las ciudades y aldeas, enseñando en las sinagogas de ellos, y predicando el evangelio del reino, y sanando toda enfermedad y toda dolencia en el pueblo.*

(Mateo 9:35)

*Y se le acercó mucha gente que traía consigo a cojos, ciegos, mudos, mancos, y otros muchos enfermos; y los pusieron a los pies de Jesús, y los sanó; de manera que la multitud se maravillaba, viendo a los mudos hablar, a los mancos sanados, a los cojos andar, y a los ciegos ver; y glorificaban al Dios de Israel.*

(Mateo 15:30–31)

*Jesucristo es el mismo ayer, y hoy, y por los siglos.*

(Hebreos 13:8)

*De cierto, de cierto os digo: El que en mí cree, las obras que yo hago, él las hará también; y aun mayores hará, porque yo voy al Padre.* (Juan 14:12)

*Y les dijo: Id por todo el mundo y predicad el evangelio a toda criatura. El que creyere y fuere bautizado, será salvo; mas el que no creyere, será condenado. Y estas señales seguirán a los que creen: En mi nombre echarán fuera demonios; hablarán nuevas lenguas; tomarán en las manos serpientes, y si bebieren cosa mortífera, no les hará daño; sobre los enfermos pondrán sus manos, y sanarán.* (Marcos 16:15–18)

*Y aun de las ciudades vecinas muchos venían a Jerusalén, trayendo enfermos y atormentados de espíritus inmundos; y todos eran sanados.* (Hechos 5:16)

*Les digo la verdad, todo lo que prohíban en la tierra será prohibido en el cielo, y todo lo que permitan en la tierra será permitido en el cielo.* (Mateo 18:18, NTV)

*Porque de cierto os digo que cualquiera que dijere a este monte: Quítate y échate en el mar, y no dudare en su corazón, sino creyere que será hecho lo que dice, lo que diga le será hecho.* (Marcos 11:23)

*Por tanto, os digo que todo lo que pidiereis orando, creed que lo recibiréis, y os vendrá. Y cuando estéis orando, perdonad, si tenéis algo contra alguno, para que también vuestro Padre que está en los cielos os perdone a vosotros vuestras ofensas.* (Marcos 11:24–25)

*Otra vez os digo, que si dos de vosotros se pusieren de acuer-
do en la tierra acerca de cualquiera cosa que pidieren, les será
hecho por mi Padre que está en los cielos.* (Mateo 18:19)

*Si permanecéis en mí, y mis palabras permanecen en vosotros,
pedid todo lo que queréis, y os será hecho.* (Juan 15:7)

*Y esta es la confianza que tenemos en él, que si pedimos al-
guna cosa conforme a su voluntad, él nos oye.* (Juan 5:14)

*¿Está alguno enfermo entre vosotros? Llame a los ancianos
de la iglesia, y oren por él, ungiéndole con aceite en el nombre
del Señor. Y la oración de fe salvará al enfermo, y el Señor
lo levantará; y si hubiere cometido pecados, le serán perdonados.* (Santiago 5:14–15)

*Pero sin fe es imposible agradar a Dios; porque es necesario
que el que se acerca a Dios crea que le hay, y que es galardonador de los que le buscan.* (Hebreos 11:6)

*Porque por fe andamos, no por vista.* (2 Corintios 5:7)

*Pero teniendo el mismo espíritu de fe, conforme a lo que está
escrito: Creí, por lo cual hablé, nosotros también creemos, por
lo cual también hablamos.* (2 Corintios 4:13)

*Ante la promesa de Dios no vaciló como un incrédu-
lo [Abraham], sino que se reafirmó en su fe y dio gloria a
Dios, plenamente convencido de que Dios tenía poder para
cumplir lo que había prometido.* (Romanos 4:20–21, NVI)

*No temas, porque yo estoy contigo; no desmayes, porque yo soy tu Dios que te esfuerzo; siempre te ayudaré, siempre te sustentaré con la diestra de mi justicia.* (Isaías 41:10)

*No temas, cree solamente.* (Marcos 5:36)

*Amado, yo deseo que tú seas prosperado en todas las cosas, y que tengas salud, así como prospera tu alma.* (3 Juan 2)

*Por tanto, tomad toda la armadura de Dios, para que podáis resistir en el día malo, y habiendo acabado todo, estar firmes. Estad, pues, firmes, ceñidos vuestros lomos con la verdad, y vestidos con la coraza de justicia, y calzados los pies con el apresto del evangelio de la paz. Sobre todo, tomad el escudo de la fe, con que podáis apagar todos los dardos de fuego del maligno. Y tomad el yelmo de la salvación, y la espada del Espíritu, que es la palabra de Dios; orando en todo tiempo con toda oración y súplica en el Espíritu, y velando en ello con toda perseverancia y súplica por todos los santos.* (Efesios 6:13–18)

*En tu santuario, oh Dios, eres imponente; ¡el Dios de Israel da poder y fuerza a su pueblo! ¡Bendito sea Dios!* (Salmos 68:35, NVI)

*Derribando argumentos y toda altivez que se levanta contra el conocimiento de Dios, y llevando cautivo todo pensamiento a la obediencia a Cristo.* (2 Corintios 10:5)

*Porque no nos ha dado Dios espíritu de cobardía, sino de poder, de amor y de dominio propio.* (2 Timoteo 1:7)

*Ninguna arma forjada contra ti prosperará, y condenarás toda lengua que se levante contra ti en juicio. Esta es la herencia de los siervos de Jehová, y su salvación de mí vendrá, dijo Jehová.* (Isaías 54:17)

*El corazón alegre constituye buen remedio; mas el espíritu triste seca los huesos.* (Proverbios 17:22)

*El gozo del Señor es nuestra fortaleza.*

(Nehemías 8:10, NVI)

*La paz os dejo, mi paz os doy; yo no os la doy como el mundo la da. No se turbe vuestro corazón, ni tenga miedo.*

(Juan 14:27)

*Y el Dios de esperanza os llene de todo gozo y paz en el creer, para que abundéis en esperanza por el poder del Espíritu Santo.* (Romanos 15:13)

*¡Tú guardarás en perfecta paz a todos los que confían en ti; a todos los que concentran en ti sus pensamientos!*

(Isaías 26:3, NTV)

*El Espíritu de Dios, quien levantó a Jesús de los muertos, vive en ustedes; y así como Dios levantó a Cristo Jesús de los muertos, él dará vida a sus cuerpos mortales mediante el mismo Espíritu, quien vive en ustedes.*

(Romanos 8:11, NTV)

*¿Qué traman contra el Señor? ¡Él desbaratará sus planes! ¡La calamidad no se repetirá!* (Nahúm 1:9, NVI)

# Confesiones de sanidad: Versículos de la Escritura sobre sanidad

*Porque somos hechos participantes de Cristo, con tal que retengamos firme hasta el fin nuestra confianza del principio.*
(Hebreos 3:14)

*No perdáis, pues, vuestra confianza, que tiene grande galardón.* (Hebreos 10:35)

*Todo lo puedo en Cristo que me fortalece.* (Filipenses 4:13)

*Porque ciertamente hay fin, y tu esperanza no será cortada.*
(Proverbios 23:18)

*Mas gracias sean dadas a Dios, que nos da la victoria por medio de nuestro Señor Jesucristo.* (1 Corintios 15:57)

# Acerca del autor

**B**rian Wills y su esposa, Beth, son misioneros itinerantes cuya visión es llevar esperanza y sanidad a esta generación. Mediante su ministerio, Healing For The Nations [Sanidad para las naciones], han viajado conjuntamente a más de treinta y cinco países del mundo.

Como ministros ordenados, Brian y Beth viajan y hablan en iglesias cristianas de todas las denominaciones y tamaños; enseñan principalmente sobre fe, sanidad, avivamiento, y saber quiénes somos en Cristo.

Brian es orador en conferencias y dirige servicios y talleres de sanidad. Su pasión es formar a otros sobre "cómo hacer las obras de Jesús". Mediante enseñanza y demostración práctica, él cree que todo cristiano puede vivir una vida sobrenatural; y mediante los milagros de los que ha sido testigo, ha visto vidas transformadas para siempre por el poder de Dios.

Brian se graduó con honores de la Universidad Drury con una licenciatura en administración de empresas. Mientras estaba en Drury, fue jugador de tenis clasificado nacionalmente por la National Association of Intercollegiate Athletics (NAIA) y, en ese tiempo, el jugador con más victorias en la historia de la escuela.

Cuando tenía poco más de veinte años de edad, fue sanado milagrosamente de la peor forma de linfoma de Burkitt, un cáncer raro y mortal del sistema linfático; sigue siendo la primera y única persona que haya sobrevivido a la enfermedad después de que la diagnosticaran en sus fases avanzadas. En 1987, el Instituto Nacional del Cáncer reconoció su notable historia y usó su fotografía y su historia con propósitos promocionales. Se ha presentado su testimonio en el programa de Kenneth Copeland, *Voice of Victory* y *El Club 700* de Pat Robertson, y también en varios periódicos muy conocidos y publicaciones de tenis.

Brian pasó más de veinte años en la industria del tenis como jugador, maestro y entrenador. Como jugador, compitió en el circuito satélite profesional europeo y el Challenger. Como instructor, ha entrenado a cientos de jugadores e instructores clasificados como junior y ha dirigido clínicas con jugadores muy conocidos y celebridades. En la Asociación de Tenis de los Estados Unidos ha sido director ejecutivo, clínico nacional y entrenador nacional. En 1990, Yamaha Sports le votó como uno de los 5 mejores profesionales de la enseñanza en la región del Medio Atlántico.

Brian y Beth se graduaron en 1992 del Rhema Bible Training Center en Broken Arrow, Oklahoma. Mientras estudiaba en Rhema, Brian sirvió como voluntario para el Centro de Oración y Sanidad y la Escuela de Sanidad. Beth sirvió como voluntaria en el departamento de publicaciones para Kenneth Hagin Ministries.

En la actualidad, Brian es instructor invitado en Rhema Bible Training Centers en el extranjero, y también en otros institutos bíblicos en todo el mundo. Brian y Beth residen cerca de Richmond, Virginia, y tienen cuatro hijos: Madeline, Emily, Jessica y Preston.

Brian y Beth están en disposición de hablar en cualquier lugar en los Estados Unidos y en el extranjero. Para más información, por favor contacte:

Brian and Beth Wills

Healing For The Nations

P.O. Box 6034

Ashland, VA 23005

E-mail: healingnations@comcast.net

Sitios web: www.healing4nations.com;

Teléfono: (804) 798-4498